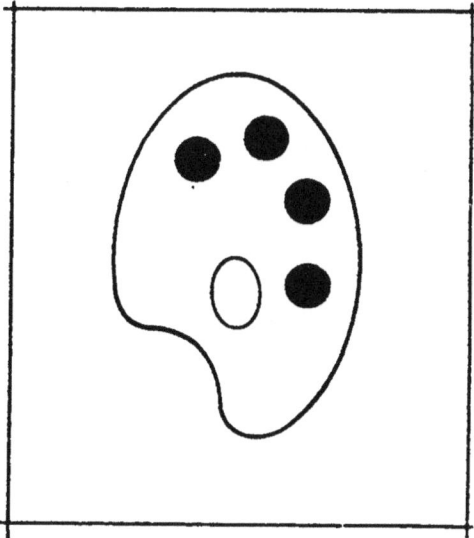

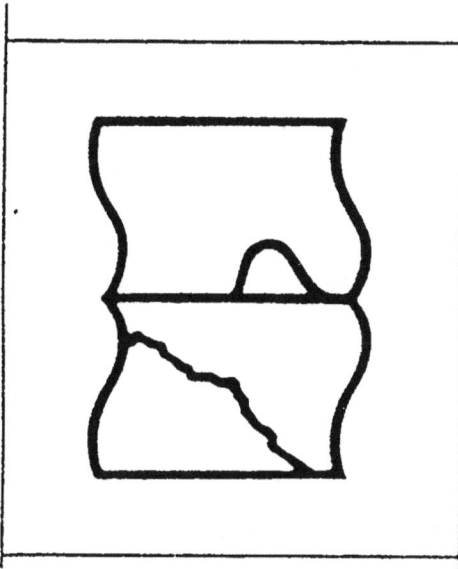

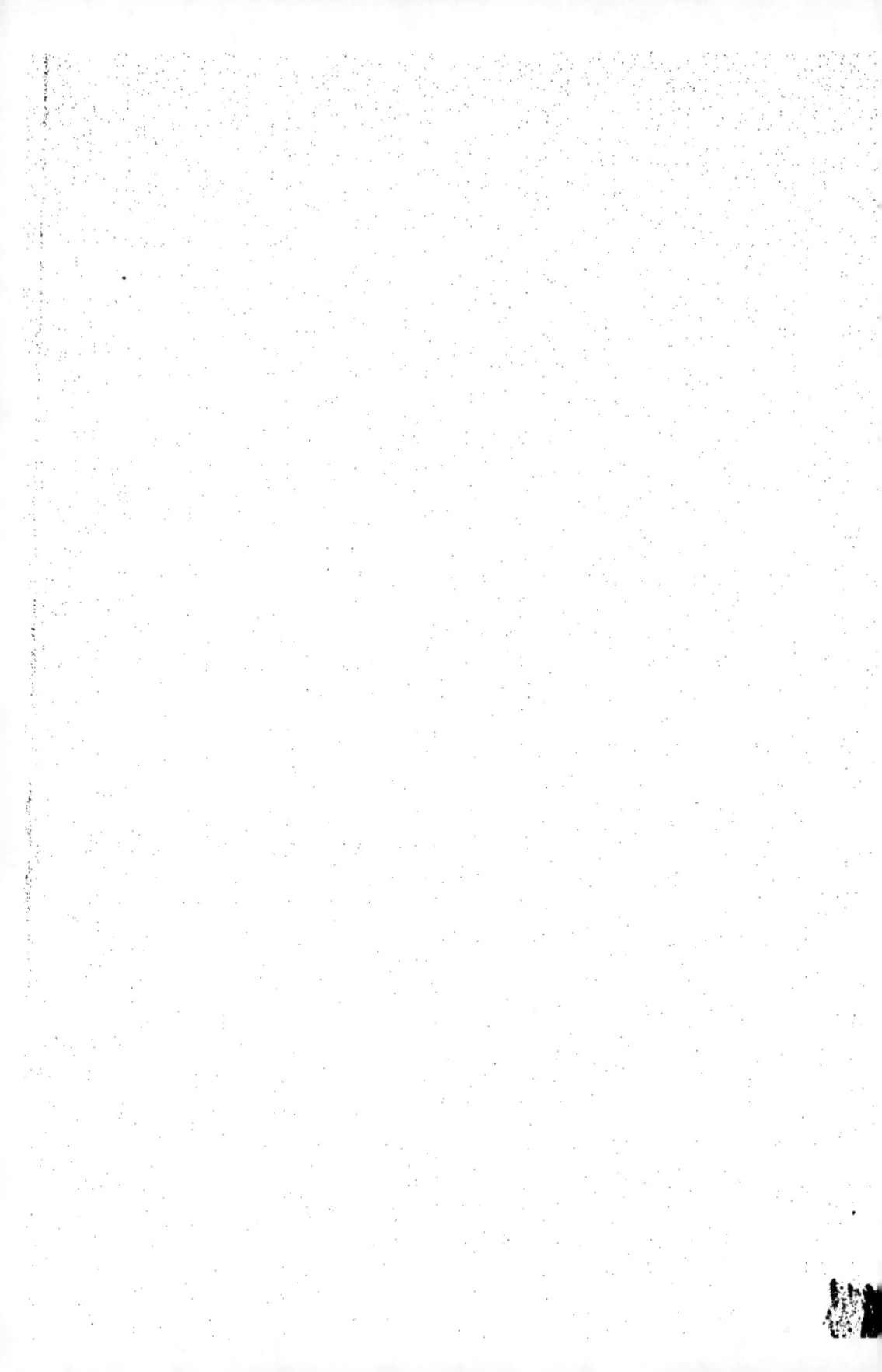

# GRANDE
# PASTORALE DE NOËL

## DRAME-MYSTÈRE EN CINQ ACTES

EXTRAIT EXCLUSIVEMENT DE VIEUX NOELS

PAR

### L'Abbé Georges MOREAU

DIRECTEUR DU PATRONAGE SAINT-JOSEPH DE NOTRE-DAME-LA-RICHE

AUMONIER-DIRECTEUR DU CERCLE CATHOLIQUE SAINT-JOSEPH

---

PRIX : 1 fr. 50

---

## A TOURS

CHEZ L'AUTEUR, 15, RUE DES ACACIAS, 15

---

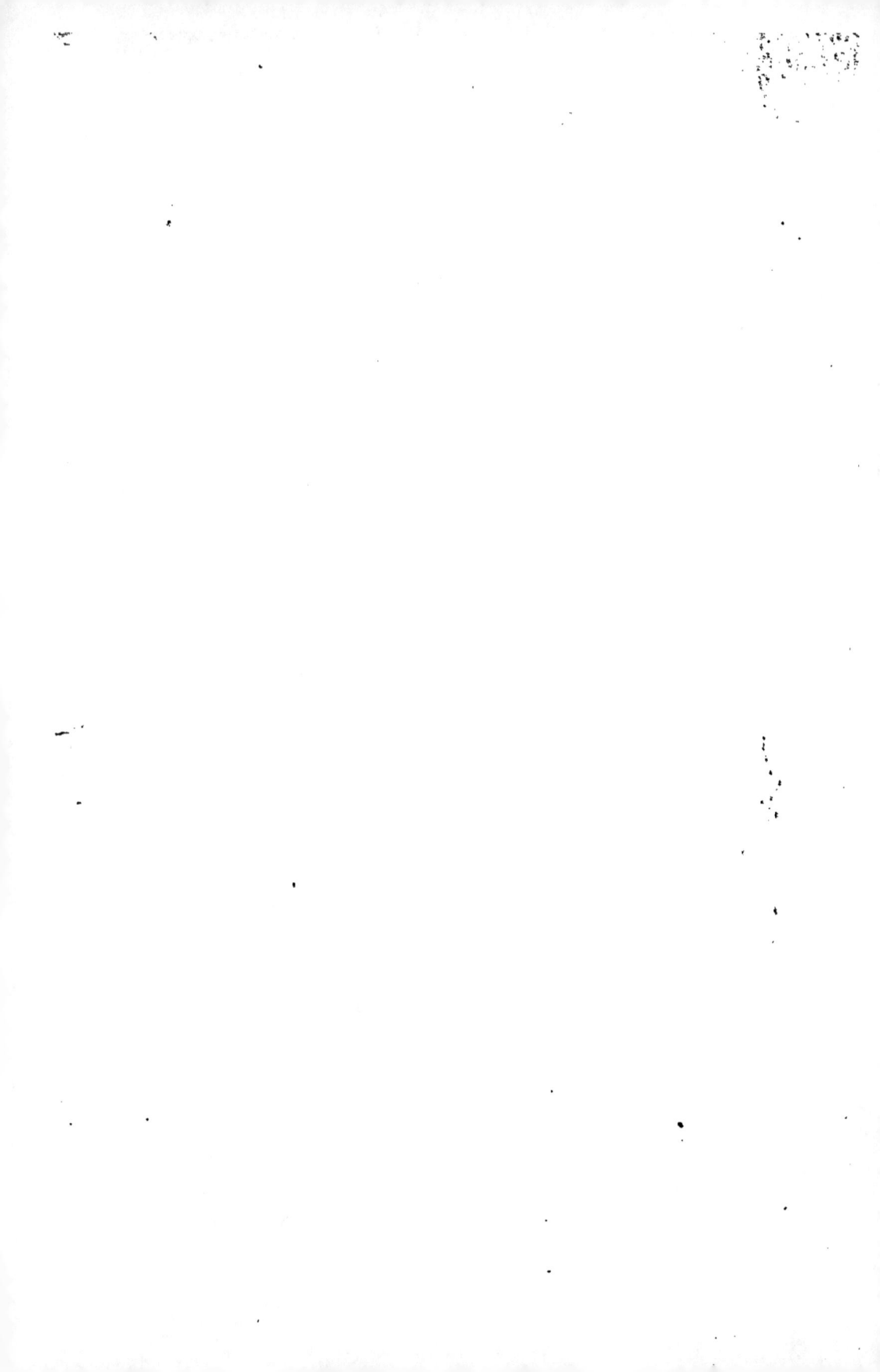

# GRANDE

# PASTORALE DE NOËL

## DRAME-MYSTÈRE EN CINQ ACTES

### EXTRAIT EXCLUSIVEMENT DE VIEUX NOËLS

PAR

## L'Abbé Georges MOREAU

DIRECTEUR DU PATRONAGE SAINT-JOSEPH DE NOTRE-DAME-LA-RICHE
AUMONIER-DIRECTEUR DU CERCLE CATHOLIQUE SAINT-JOSEPH

A TOURS

CHEZ L'AUTEUR, 15, Rue des Acacias, 15

—

Toute Reproduction interdite.

# PRÉFACE

Au nombre des usages vénérables par lesquels les familles chrétiennes du moyen âge cherchaient à s'entretenir dans la joie de la nativité de Notre-Seigneur, se trouve le chant des noëls.

« Ces naïfs cantiques, lisons-nous dans l'*Année liturgique*, redisaient la visite de l'Ange Gabriel à Marie..., les charmes du Nouveau-Né dans son humble berceau; l'arrivée des bergers avec leurs présents rustiques et la foi simple de leurs cœurs. On s'animait en passant d'un noël à un autre. Tous soucis de la vie étaient suspendus, toute douleur était charmée, toute âme épanouie. »

Lorsque dom Guéranger écrivait ces lignes, il parlait de traditions perdues; mais depuis il s'est produit une heureuse réaction: on a apprécié, avec un goût plus sûr et plus juste, les choses d'autrefois; on est revenu aux noëls, dont on a publié plusieurs recueils plus ou moins complets. Nous citerons la *Grande Bible des noëls*, rééditée par le savant chanoine M<sup>gr</sup> Pelletier, d'Orléans; celle publiée à Tours par M. J. Bouserez; l'album illustré de M. l'abbé Rastier, maître de chapelle à la cathédrale de Tours, les *Vieux noëls en l'honneur de la naissance de Notre-Seigneur Jésus-Christ,* chez Libaros, à Nantes ; les *Noëls angevins,* de M. le chanoine Grimaud, édités par Germain Grassin, à Angers. Nous possédons aussi deux séries d'un très remarquable ouvrage de D. Legeay, bénédictin de Solesmes, qui renferme quatre-vingts noëls anciens, avec accompagnement de piano.

Ces différents recueils appelaient un travail de classification et d'enchaînement, suivant un plan particulier qui pût s'adapter au théâtre chrétien.

Déjà, en 1876, paraissait à Nîmes, sous le titre de : *Grand Mystère de Bethléem,* une œuvre de ce genre. « Il nous a semblé utile, dit l'auteur de ce mystère dans sa préface, de montrer quel parti on peut tirer de ces richesses oubliées, pour les récréations dramatiques dans les réunions de jeunes gens chrétiens. »

Cette mine, que l'on pourrait dire inépuisable, nous l'avons exploitée nous-même. Après plusieurs essais faits, en 1873, au petit séminaire de Tours, puis, en 1874 et 1875, à l'œuvre Sainte-Marie, dans son berceau de la rue des Jacobins, nous achevions, en décembre 1877, notre *Grande Pastorale de Noël.* Trois fois, en janvier 1878, elle fut jouée sur la scène plus large, quoique modeste, du nouveau local du patronage Sainte-

Marie, rue des Ursulines, et trois fois la salle fut remplie.

Qu'on nous permette d'esquisser à grands traits notre travail.

Dans un prologue destiné à s'emparer immédiatement de l'attention, à l'avant-scène, un vieux berger vient chanter d'un ton mélancolique la chute d'Adam. Abattu de chagrin, il s'assied et s'endort; survient un ange qui raconte l'annonciation de Gabriel à Marie; le berger paraît sous l'influence d'un rêve charmant. Tout à coup l'orchestre et un chœur d'esprits célestes entonnent le *Magnificat*, le berger s'éveille ravi, et le chœur continue le chant d'un noël qui paraphrase admirablement le cantique de Marie.

Le rideau se lève : nous sommes en Orient chez Melchior, l'un des mages; les trois rois entament sur l'apparition de l'étoile une longue discussion, suivie de leur départ pour la Judée : c'est là le premier acte.

Au deuxième acte, la scène est transportée aux environs de Bethléem : cinq bergers endormis près de leurs troupeaux sont successivement réveillés par un ange descendu d'un nuage; l'un d'eux court réveiller le village, pendant que, précédés par l'ange, les quatre autres vont à la crèche.

Au troisième acte, la scène est la même; les bergers du village arrivent, se demandant ce que

tout cela veut dire ; ils sont bientôt au courant ;
ils s'agitent, tiennent conseil, préparent leurs
présents, et s'en vont adorer le « petit dauphin ».

Au quatrième acte, nous sommes dans le palais
d'Hérode : le roi de Hiérosolyme accueille avec
réserve les rois mages, consulte les docteurs de
la loi, entre en fureur, rappelle les pieux étrangers et leur parle avec une douceur hypocrite.
Les chants sont en rapport avec les personnages,
dignes de la gravité royale.

Le cinquième acte comprend l'adoration des
bergers, leurs naïfs compliments, leurs offrandes
champêtres, l'entrée solennelle des mages, précédés de l'étoile. Un ange invite l'assistance à
s'unir aux princes d'Orient... Tout se termine
par un chœur général où éclatent la reconnaissance, la joie et l'amour :

> Oh ! qu'il est beau, le Fils de Marie,
> Couché dans son petit berceau !

Notre *Grande Pastorale* a réussi, puisque,
après quelques années, il nous faut publier une
seconde édition. Elle a charmé depuis le public
assez difficile de nos cités jusqu'aux habitants
des plus humbles campagnes : Angers, Lyon,
Toulouse, Orléans, Bourges, Saint Brieuc, Chinon,
Ligueil, Châteaurenault, Azay-sur-Indre (421 habitants), Rivière (306 habitants), etc., et là où

elle est jouée, elle devient nécessairement populaire et traditionnelle.

Ce qui la rend accessible, en partie au moins, aux plus modestes scènes, c'est la combinaison que nous indiquions dans notre première édition et que nous reproduisons ici.

Notre *Grande Pastorale* comprend deux mystères : Noël et l'Épiphanie. Chaque mystère peut fournir une représentation complète, dont nous donnons la composition.

Pour le *Mystère de Noël :*

Premier acte : le deuxième acte de la *Grande Pastorale ;*

Deuxième acte : le troisième acte de la *Grande Pastorale ;*

Troisième acte : les scènes Ire, IIe, IIIe du cinquième acte et le noël final.

Pour le *Mystère de l'Épiphanie :*

Premier acte : le premier acte de la *Grande Pastorale ;*

Deuxième acte : le quatrième acte de la *Grande Pastorale ;*

Troisième acte : les scènes IVe et Ve du cinquième acte et le noël final.

Le prologue peut servir aux deux mystères.

La *Grande Pastorale* est difficile à monter (costumes et décors), lors même qu'on aurait un nombre suffisant d'acteurs pour remplir tous les rôles. Nous engageons nos confrères à faire jouer d'abord le *Mystère de Noël,* qui est fort gai, très varié, plein d'entrain; l'année suivante, le *Mystère de l'Épiphanie* (un peu monotone à joue. seul) s'y joindra plus facilement, et en deux ans la *Grande Pastorale* sera organisée tout entière.

Mais alors il conviendra de supprimer çà et là quelques couplets pour éviter des longueurs. Nous avons écrit en petits caractères les passages que nous supprimons quand nous jouons les cinq actes dans la même soirée. D'autre part, nous avons mis en italiques les couplets que nous récitons sans les chanter; cela est nécessaire pour reposer acteurs, musiciens et auditeurs. Moyennant cela, la *Pastorale,* entr'actes compris, peut se jouer en deux heures et demie.

Puisse notre *Grande Pastorale* passer dans nos traditions comme celle écrite en langue provençale, dans le midi de la France, et exciter à chaque fois les plus vives émotions! C'est là le but que nous nous sommes proposé pour la plus grande gloire de Dieu.


A. M. D. G.

# PERSONNAGES

L'ARCHANGE.

MELCHIOR,
GASPARD,      } Mages.
BALTHAZAR,

CLÉMENT, jeune, curieux, bavard,
GUILLOT, enfant, petit-fils de Charlot,
CHARLOT, vieillard, grand-père de Guillot,
ROBIN,
GROS-JEAN, jeune homme de bonne mine,
PIERROT,
JEANNOT,                                      } Bergers.
OLIVIER, vieillard,
COLIN,
GRIGOT,
GEORGET,
LUCAS,
SYLVANDRE, jeune garçon,

HÉRODE, roi de Hiérosolyme (Jérusalem).

Un officier du palais.

Deux docteurs de la loi.

Un conseiller du roi.

Un chœur d'anges, pages, chameliers, gardes, docteurs.

# GRANDE PASTORALE DE NOËL

## OUVERTURE : le GLORIA IN EXCELSIS

De la Messe d'A. LEMOINE, maître de chapelle de la cathédrale d'Orléans.

## PROLOGUE

Le Prologue peut se dire à l'avant-scène, ou dans un décor de montagne.

**LE BERGER OLIVIER,** d'un air triste, commence le Noël suivant.

**(Prélude à chaque couplet.)**

*Moderato.*

Qu'A - dam fut un pau - vre hom-me [2]
De nous fai-re dam - ner Pour un mor-ceau de pom - me
Qu'il ne put a - va - ler. Sa fem-me sans ces - se Le
flatte, le presse D'en man-ger un pe - tit, Di-sant que la sages - se Que Sa-tan a-vait dit, Gi - sait de-dans ce fruit.

---

(1) Les chiffres romains donnent le numéro d'ordre des Noëls jusqu'à la fin de la Pastorale, et servent d'indication à l'orchestre.

(2) V. le Noël, entier, Libaros, I, p. 13.

2. Cependant notre père,
   Que le morceau pressait,
   Tout rouge de colère,
   Sa femme maudissait :
   « Perfide, cruelle,
   Crédule, rebelle,
   Tu trompes ton époux.
   Que dira notre Maître ?
   Fuyons et cachons-nous ;
   Je crains trop son courroux. »

3. A ce bruit déplorable,
   Dieu descend promptement,
   Et, d'un air tout aimable,
   Appelle doucement :
   ‹ Mon Ève, ma fille,
   Épouse gentille,
   Adam de moi chéri ! ›
   Mais de leur domicile
   Ni femme ni mari
   Ne disent : ‹ Me voici. »

4. L'Auteur de la nature,
   A qui rien n'est caché,
   Sous un tas de verdure
   Découvre Adam couché,
   Tout triste, tout pâle,
   Qui tremble, tout sale
   De s'être ainsi traîné,
   Qui répond : ‹ C'est la femme
   Que vous m'avez donné
   Qui m'a presque damné. »

5. La femme, à cette plainte,
Contre Adam se défend,
Et dit que sa contrainte
Ne vient que du serpent.
Que dire? que faire?
De rire, de braire,
Ce n'est pas la saison.
Dieu leur ouvre la porte,
Et, comme de raison,
Leur défend sa maison.

6. Cette triste infortune
Causa tous nos malheurs :
La vieillesse importune,
Les plaintes et les pleurs;
La peste, la guerre
Par toute la terre
S'épandit à son dam,
Pour expier l'offense
De notre père Adam,
Dans chaque descendant.

**(Reprise du prélude.)**

Abattu par la tristesse, le berger s'assied, et s'endort; il est sous l'influence d'un rêve en suivant les paroles de l'Ange qui chante le noël suivant :

(Prélude à chaque couplet.)

Allegretto.  p

Un jour Dieu se ré-so - lut De fai - re no-tre sa-

lut; Que son  Fils, son Ver-be Cher, Par grâ - ce fé-con-

de, E-pou - se-rait notre chair, Pour sau - ver le mon - de.

2. Sur Nazareth la cité
Gabriel s'est arrêté,
Non point par un cas fortuit,
Ni à la volée,
Mais comme Dieu le conduit
Dans la Galilée.

3. Son *Ave* ne fut pas dit,
Qu'au même instant descendit
Une louable pudeur
Au cœur de la sainte,
Dont la marque et la couleur
Sur sa face est peinte.

4. « L'Esprit-Saint, dit-il, viendra,
Lequel vous ombombrera
De son pouvoir tout-puissant
Et vous rendra mère.
Sans qu'il aille flétrissant
Cette fleur si chère. »

(1) Noël entier avec accompagnement de piano, P. Legeay, série I, no 4.

5. Elle répond sur ce lieu :
« Je suis servante de Dieu,
Qui n'ai point de volonté,
Que je ne résigne
A son immense bonté,
Bien que très indigne. »

**(Reprise du prélude.)**

Le chœur des anges encore invisible entonne le noël suivant.
après le *prélude*.

**(Prélude à chaque couplet.)**

*Non troppo vivo.*

III [1]

Ma - gni - fi - cat.

Le berger se lève en sursaut, et continue :

*Moderato.*

Sus, sus, de - bout, qu'on se ré - veil-le, Car il n'est

plus temps de dor - mir, L'Ange a dit cho-se non pa - reil-le

Que le Mes-si - e doit ve - nir Dans u - ne Vier - ge

qui chan - te Ma - gni - fi - cat

Le chœur des anges :

A-ni-ma me - a Do-mi-num.

[1] P. Lejeay, I, 6.

Le berger disparaît, et le chœur des anges entre en scène,
et chante :

2. *Et misericordia ejus a progenie in progenies.*
    Ce Jésus rempli de clémence
    Et qui reluit tout en beauté,
    Nous a tirés de la souffrance
    Et de notre captivité,
Pour nous apprendre qu'il se donne entièrement
    *Timentibus eum.*

3.    *Esurientes implevit bonis :*
    Dans la naissance glorieuse
    De ce doux Jésus mon Sauveur,
    Notre pauvre âme langoureuse
    A reconnu son vrai pasteur,
Plein de richesses qu'il donne aux nécessiteux;
    *Et divites dimisit inanes.*

4. *Sicut erat in principio, et nunc, et semper :*
    Prions Jésus qu'il nous pardonne
    De l'avoir si fort offensé,
    Et qu'en l'autre vie il nous donne
    Le chemin qu'il nous a tracé
Par sa présence, pour être au ciel avec lui.
    *Et in sæcula sæculorum. Amen.*

Le chœur des anges disparaît pendant la reprise du *prélude.*

# ACTE PREMIER

La scène se passe chez Melchior. Palais de peu de profondeur ; plusieurs colonnes séparent le palais d'un fond oriental. Une table entièrement couverte d'un tapis drapé. Quatre sièges. Instruments d'astronomie.

## SCÈNE I

### MELCHIOR, GASPARD, BALTHAZAR, Pages.

Melchior, seul d'abord, sans manteau, est assis, et étudie. Pendant le *prélude*, son page introduit Gaspard et Balthazar. Melchior se lève pour les recevoir.

**(Prélude avant le 1er couplet seulement.)**

### MELCHIOR

Qui vous é-meut, ô Prin-ces de
quitter vos pa-ys De laisser vos pro-vinces A demi é-ba-
hies? A-vez-vous quelque au-gu-re D'u-ne cho-se fu-
tu-re Qui vous met en é-moi, Aus-si bien com-me moi.

---

(¹) V. le recueil de Mgr Pelletier, à Orléans. Accompagnement de piano, P. Legeay, 1, 7.

### GASPARD

2. Pour moi, dans ma contrée,
   Et de jour et de nuit,
   S'est vue et rencontrée
   Une étoile qui luit,
   Qui, biaisant sa course,
   Ne va point comme l'Ourse,
   Qui fait voir à nos yeux
   Qu'elle n'est dans les cieux.

### BALTHAZAR

3. Aussi l'ai-je aperçue
   Comme vous avez dit,
   Et si bien en ma vue
   Son rayon s'épandit,
   Que sans nuage ou voile
   J'avise en cette étoile,
   A l'endroit plus luisant,
   La forme d'un enfant.

Les trois mages s'asseoient.

### MELCHIOR

4. *Cette étoile nouvelle*
   *Ne nous peut présager*
   *Qu'une chose bonne et belle*
   *Qui peut nous soulager.*
   *Ce n'est une comète*
   *Qui du mal nous promette ;*
   *Car cet astre d'honneur*
   *Présage tout bonheur.*

### GASPARD

5. *Si plus bas que la lune*
*Posée était aussi,*
*L'ombre la rendrait brune*
*Et son corps obscurci,*
*Quand le soleil qui tourne*
*A l'horizon séjourne ;*
*Or l'ombre n'y va pas,*
*Donc elle n'est si bas.*

### BALTHAZAR

6. *N'est-ce point la planète*
*Que nous avait prédit*
*Balaam le prophète,*
*Quand il présage et dit,*
*En sûre prophétie :*
*« Que quand le grand Messie*
*En ce monde naîtrait,*
*Un astre apparaîtrait ? »*

### MELCHIOR

7. *La chose est très certaine.*

### GASPARD

*Oui, c'est elle vraiment.*

### MELCHIOR ET GASPARD

*Nous voilà hors de peine*
*Par votre enseignement.*

**BALTHAZAR**

*Et me vient en idée*
*Que c'est dans la Judée,*
*Parmi le peuple hébreu,*
*Que doit naître ce Dieu.*

**GASPARD**

8. *L'étoile non pareille*
*Qui chemine par l'air,*
*Pour voir cette merveille*
*Semble nous appeler.*

**MELCHIOR (se levant).**

*Donc, princes débonnaires,*
*Prenons nos dromadaires,*
*Et courons vitement*
*Voir cet événement.*

**GASPARD ET BALTHAZAR (se levant).**

9. *Nous le voulons, mon prince ;*
*Mais il faut aviser*
*Qu'en lointaine province*
*L'argent est à priser.*

**MELCHIOR**

*Portons donc bonne bourse*
*Pour faire notre course,*
*Et quelque beau présent*
*Qui au roi soit plaisant.*

GASPARD

10. *Pour mon regard, mon sire,*
    *J'ai l'encens parfumeur.*
    (à Balthazar)
    *Vous avez de la myrrhe*
    *Dans vos champs plantureux;*
    *Faisons-en un hommage*
    *A ce grand personnage.*
    (à Melchior)
    *Et vous, grand Melchior,*
    *Vous offrirez votre or.*

**(Reprise du prélude.)**

MELCHIOR

11. Sus donc, en diligence,
    Car ne voyez-vous pas
    Que l'étoile en cadence
    Nous mesure ses pas;
    Voyez comme el*le* se traîne,
    Et que droit el*le* nous mène
    Par les plus beaux sentiers
    Qui soient en ces quartiers.

LES TROIS MAGES

12. Il faut courir bien vite
    Pour suivre ce flambeau
    Et pour suivre la piste
    De ce guide nouveau;
    Courons à toute bride,
    Ce grand flambeau nous guide,

Et bien nous conduira
Tout juste où il faudra.

Les trois mages se retirent avec leurs pages pendant la reprise du prélude.

## SCÈNE II

### Le CHŒUR DES ANGES

Le chœur des anges entre pendant le *prélude* du noël suivant.

**(Prélude à chaque couplet.)**

### LES ANGES

Par - tez, Ma-ges, par - tez; Vous et vos se-cré-tai-res; Au plus vi-te mon - tez Des-sus vos dro-ma-daires, Con - tre vos pa-vil-lons U-ne é-toi - le est le-vée Qui tour-ne ses ray-ons Du cô-té de Ju - dé - e.

2. On vous demandera
   Peut-être chez les princes,
   Ce qui vous obligea
   A quitter vos provinces;

(1) P. Legeay, II, 26.

Vous direz bien et beau
Qu'un astre d'apparence
Vous a d'un roi nouveau
Annoncé la naissance.

3. Que de concert, tous trois,
Vous alliez en personne
Au pouvoir de ses lois
Soumettre vos couronnes;
Et que, soir et matin,
Un sillon de lumière
Vous trace le chemin
Que vous avez à faire.

**(Reprise du prélude.)**

Pendant la reprise du *prélude* les mages reviennent avec leurs présents. Melchior a son manteau. Ils se placent en cet ordre: Gaspard au milieu, Melchior à sa droite, Balthazar à sa gauche, au milieu du palais-galerie; leurs pages les accompagnent.

## SCÈNE III

LES TROIS MAGES. — LE CHŒUR DES ANGES

Les trois mages entonnent, sans prélude, le noël suivant :

MARCHE DES ROIS

*Maëstoso.*

VI

Gloire au ciel au  Fils de l'E-ter - nel Qui

de-vant nous a pla-cé son é - toi - le, Gloire au ciel au

Fils de l'E-ter - nel Qui vient sau - ver son peu-ple

d'Is - ra - ël.

### MELCHIOR

L'as - tre qui luit, de - vant nous fuit ; A sa lu-

eur la vé - ri - té se dé - voi - le L'As - tre qui luit, de-

vant nous fuit, Près de Jé - sus sa clar-té nous con - duit.

Les trois mages reprennent :

## Gloire au ciel, etc.

Après quoi, pendant que l'orchestre joue de nouveau la marche des rois, les mages défilent en cet ordre: Melchior part le premier, passe majestueusement devant Gaspard et Balthazar; Gaspard le suit, puis Balthazar, ayant soin de ne pas se tourner brusquement pour sortir. Ils doivent, au contraire, se tourner sur leur droite, venir prendre la place qu'occupait Melchior, et défiler par la gauche.... où ils disparaissent pour un instant. Les anges chantent le noël suivant après le *prélude*.

### (Prélude à chaque couplet.)

### LE CHŒUR DES ANGES

Andantino.  m f

VII [1]  Al-lons, suivons les Mages Qui, chargés de pré-

sents, Vont ren-dre leurs hom - ma - ges A ce di-vin En-

[1] P. Legeay, II, 28.

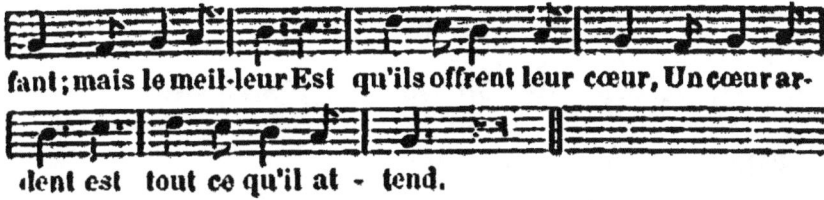

fant ; mais le meil-leur Est qu'ils offrent leur cœur, Un cœur ar-

dent est tout ce qu'il at - tend.

Pendant le prélude de la deuxième strophe, Melchior, monté sur un chameau, précédé d'un chamelier et suivi de son page portant le présent, s'avance derrière les colonnes, le plus près possible de la toile du fond ; l'étoile le devance.

### UN ANGE

2. Le premier d'eux lui donne,
   Pour gage de sa foi,
   Son or et sa couronne,
   Le prenant pour son roi.

### LE CHŒUR

Mais le meilleur..., etc.

### LE CHŒUR

3. Allons suivons les mages..., etc.

Gaspard s'avance. Même jeu que Melchior.

### UN ANGE

4. Le second lui présente
   De l'encens en ce lieu ;
   Il n'est plus dans l'attente,
   Il sait qu'il voit un Dieu.

### LE CHŒUR

Mais le meilleur..., etc.

## LE CHŒUR

5. Allons suivons les mages..., etc.

Balthazar s'avance enfin. Même jeu.

## UN ANGE

6. Le dernier qui désire
De satisfaire aussi,
Lui donne de la myrrhe,
Car il est homme aussi.

## LE CHŒUR

Mais le meilleur..., etc.

## LE CHŒUR

Allons suivons les mages..., etc.

RIDEAU

# ACTE DEUXIÈME

La scène se passe dans la campagne de Bethléem. Sur un tertre en saillie reposent quelques moutons : Guillot est auprès d'eux ; en bas du tertre, Charlot, et près de lui, Robin. Clément, au milieu de la scène, est adossé à un des deux arbres isolés entre lesquels descendra l'ange. Enfin, Gros-Jean est de l'autre côté, appuyé contre un arbre de coulisse.

## SCÈNE I

### CLÉMENT, GUILLOT, CHARLOT, ROBIN, GROS-JEAN.

Les bergers sont endormis ; la scène est à peine éclairée ; le chœur des anges (invisible) chante :

VIII (1)

Glo - - - - - ri - a

in ex - cel - sis De - o ; et in ter -

ra pax ho - mi - ni - bus bo - næ vo - lun - ta tis.

bo - næ vo - lun - ta - tis.

(1) V. Messe de A. Lemoine.

# SCÈNE II

## L'ARCHANGE, CLÉMENT, GUILLOT, CHARLOT, ROBIN, GROS-JEAN.

Pendant le *prélude* du noël suivant, l'archange descend sur un nuage entre les deux arbres placés au milieu de la scène. Grande lumière à son arrivée.

**(Prélude avant le 1er couplet seulement.)**

### L'ARCHANGE

*Allegro moderato.*  m f

IX (1)

Ber - ger, que l'on s'é-veille pour marcher sur mes pas, Viens donc voir la mer - veil-le et ne dif - fè - re pas. Un Dieu qui naît pour toi ; le ten-dre amour t'ap-pel-le ; viens a-do-rer ce nou-veau Roi, dont le ciel mê-me suit la loi ; sois - lui tou-jours fi - dè - le.

**CLÉMENT** (sans se déranger)

2. Quelle voix importune
   M'arrache au doux sommeil ?
   Prends-tu ce clair de lune
   Pour l'éclat du soleil ?

---

(1) V. le noël entier, Mgr Pelletier, p. 85. Accompagnement, P. Legeay, II, 37.

Tu crois donc qu'il est jour
Et qu'il faut qu'on se lève ?
Sans doute que tu as rêvé,
Ton sommeil n'est pas achevé,
Cours achever ton rêve.

## L'ARCHANGE

3. Ce n'est pas un vain songe,
Viens voir ce beau soleil ;
Tandis que tout se plonge
Dans un profond sommeil.
Je suis le messager
D'un Dieu qui vient de naître ;
Éveille-toi, suis-moi, berger ;
Un zèle ardent doit t'engager
A voir un si bon Maître.

### CLÉMENT (ouvrant les yeux, étonné)

4. Mon Dieu, quelle lumière
Éclate dans ces lieux !
Je baisse la paupière ;
Elle éblouit mes yeux !
Je vois déjà le jour ;
La nuit ne dure guère.
La lune n'a pas fait son tour,
Et le soleil est de retour !
Quel est donc ce mystère ?

Il se lève, et tombe à genoux.

L'ARCHANGE

5. Ce mystère adorable
Va faire ton bonheur,
En ce jour favorable
Est né ton Rédempteur ;
Viens voir ce Nouveau-Né
Enveloppé de langes ;
Faut-il qu'il soit abandonné !
Il fut toujours environné
Des chœurs sacrés des anges.

CLÉMENT

6. O messager céleste,
Quel est votre discours !
Achevez-moi le reste,
N'en bornez point le cours ;
J'en brûle d'être instruit,
Et j'aime à vous entendre ;
Expliquez-moi quel astre luit
Dans le sein même de la nuit ;
J'ai peine à le comprendre.

L'ARCHANGE

7. C'est le divin Messie
Qu'attend tout Israël,
C'est l'Auteur de la vie,
Le Fils de l'Éternel :
Pour le tirer des fers,
Ce grand Dieu s'est fait homme.
Ne sais-tu pas que l'univers
Fut fait esclave des enfers
Par la fatale pomme ?

CLÉMENT

8. J'en sais la triste histoire,
On me l'apprit cent fois.
Mais quoi ! ce Roi de gloire
Peut-il choisir nos bois ?

Dans un brillant séjour
N'aurait-il pas dû naître ?
Je m'attendais qu'il vînt un jour,
Suivi d'une superbe cour,
Pour nous parler en maître.

### L'ARCHANGE

9. Il lance le tonnerre,
Et le ciel suit sa loi ;
Mais il vient sur la terre
Plus en sujet qu'en roi ;
Par son humilité,
Cette pure Victime
Apaise son Père irrité ;
Tu sais de l'homme révolté
Que l'orgueil fut le crime.

### CLÉMENT

10. C'est trop m'en faire entendre,
Ne perdons point de temps ;
Pour voir un Dieu si tendre
Ménageons les instants ;
Ah ! je ne me sens pas
De joie et de tendresse,
Je cours éveiller de ce pas
Les autres... Un bien si plein d'appâts
Vaut bien que l'on s'empresse !

Clément sort en courant et en chantant très fort.

Sus, sus, bergers, réveillez-vous.          *Bis*

# SCÈNE III

## Les MÊMES moins CLÉMENT

**(Prélude avant le 1er couplet seulement.)**

### L'ARCHANGE

*Allegro.* ƒ

X (¹) Que cha-cun s'é - veil-le, Dieu naît i - ci - bas ;

Faut-il qu'on som - meil-le, Quand Dieu ne dort pas.

Sa bonté sans ces-se, Vous dé-fend des loups ; Son amour le

pres-se De veil-ler sur vous.

### GUILLOT (sans se lever)

2. Quelle voix perçante
M'éveille en sursaut ?
C'est le coq qui chante
Plus tôt qu'il ne faut.
Mon repos le fâche ;
Mais, pour le punir,
Il faut que je tâche
De me rendormir.

---

(¹) Le Noël entier, Mgr Pelletier, p. 85. Accompaguement.
P. Legeay, 1, 2.

### L'ARCHANGE

3. Lève la paupière,
Ouvre un peu les yeux
Pour voir la lumière
Qui brille en ces lieux.
Quoi ! tu dors encore ?
Chasse ton sommeil ! (Guillot s'éveille)
Reconnais l'aurore
Du divin Soleil.

On entend derrière la scène Clément, qui chante un peu moins fort que la première fois :

Sus, sus, bergers, réveillez-vous. **Bis**

GUILLOT (s'éveillant, sans se lever).

4. Quel éclat extrême !
J'en suis enchanté,
Et le soleil même
A moins de clarté ;
Ceci me surpasse.
Vous qui me parlez,
Dites-moi, de grâce,
Ce que vous voulez ?

### L'ARCHANGE

5. Un Dieu vient de naître
Pour vous rendre heureux.
A ce divin Maître
Portez tous vos vœux.
Son amour extrême
Doit vous enflammer ;
Autant qu'il vous aime
Il vous faut l'aimer.

4

**GUILLOT** (il se lève et descend du tertre)

6. Oh! quelle merveille!
Non! rien n'est si beau!
Çà! que l'on s'éveille
Par tout le hameau!
Un Dieu nous appelle,
Courons tous à lui!
Et que notre zèle
Éclate aujourd'hui!

On entend Clément qui chante dans le lointain :

Sus, sus, bergers, réveillez-vous. **Bis**

(Prélude avant le 1er couplet seulement.)

**GUILLOT** (à Charlot)

**Allegretto.**  *p*

XI [1]

E-veil-le toi mon cher grand - pè - re,

viens-t'en cou - rir a - vec-que nous; ja-mais tu n'as vu

sur la ter - re, Rien de si beau, rien de si doux.

Les cieux sont rem-plis d'al-lé - gres - se, Les an-ges

sont dans nos buissons Qui chant'et rechantent sans ces - se.

Mil - le beaux airs, mil - le chan - sons.

---

[1] V. P. Legeay, II, 9.

### CHARLOT

2. Guillot, mon ami, je te prie,
   Ne te viens point railler de moi,
   J'ai beaucoup de mélancolie;
   Je te supplie, retire-toi;
   Car j'ai rompu ma cornemuse,
   Mon canapsas et mon sabot,
   Et tu penses que je m'amuse.
   A ouïr sonner ton larigot.

### GUILLOT

3. Non, mon grand-*père,* je te le jure.

### L'ARCHANGE (à la voix duquel Charlot fait un mouvement d'étonnement)

Tout de bon, Charlot, lève-toi.

### GUILLOT

Crois-moi, je ne suis point parjure,
Accours et viens avecque moi.

### L'ARCHANGE (l'étonnement de Charlot augmente)

Je viens vous dire que le Messie
Est né dessus un peu de foin,
Allez le voir, je vous supplie,
Près la cité; ce n'est pas loin.

### GUILLOT

4. Eh bien, entends-tu ces merveilles?
   Cet ange en parfaite beauté
   Ne charme-t-il pas tes oreilles?
   Est-ce un printemps, est-ce un été?

Toi qui as tant d'expérience
Dans les choses à advenir,
Fais donc appel à ta science,
Peut-être tu voudras venir.


CHARLOT (se levant, étend les bras d'un air prophétique)

5. C'est vrai, j'ai lu dedans un livre
Qu'un jour, ou plutôt une nuit,
L'on verrait le soleil reluire
Et une vierge porter fruit.
Je crois que voici la nuitée
De cet heureux avènement,
Car je n'ai jamais vu journée
Où le soleil fut plus luisant.


Pendant le *prélude* du noël suivant, Charlot change subite-
ment de contenance, et se dirige joyeux vers Robin.

(Prélude avant le 1ᵉʳ couplet seulement.)


CHARLOT

Maëstoso. *f*

XII [1]

Promp- te-ment le-vez-vous, mon voisin, Le
Sauveur de la ter - re Est enfin parmi nous, mon voisin, En-
vo-yé de son pè - re, mon voi - sin.

---

[1] V. P. Legeay, I, 17.

## CHARLOT ET GUILLOT

Al - lez, mon voi-sin à la crè-che, mon voi-sin,

Cou-rez mon voi-sin à la crè - che.

### GUILLOT

2. Veillant sur mon troupeau, mon voisin,
   Autour de ce village,
J'entends un air nouveau, mon voisin :
Et du plus doux langage, mon voisin :

### GUILLOT ET CHARLOT

Allez, mon voisin, à la crèche, mon voisin,
Courez, mon voisin, à la crèche.

### CHARLOT

3. Rempli d'étonnement, mon voisin,
   Je laisse ma houlette,
Pour voir ce Dieu naissant, mon voisin,
Accomplir le prophète, mon voisin.

### CHARLOT ET GUILLOT

Allez, mon voisin, à la crèche, mon voisin,
Courez, mon voisin, à la crèche.

### L'ARCHANGE

4. Je ne suis point trompeur,

### CHARLOT ET GUILLOT (secouant Robin).

Mon voisin,

L'ARCHANGE

## Les choses sont certaines :
## Votre divin Sauveur,

CHARLOT ET GUILLOT (même jeu).

Mon voisin,

L'ARCHANGE

## Finit toutes vos peines,

CHARLOT ET GUILLOT (même jeu).

Mon voisin,
### Allez, mon voisin, à la crèche, mon voisin,
### Courez, mon voisin, à la crèche.

Robin, enfin réveillé, bâille et se frotte les yeux pendant le *prélude* du noël suivant.

**(Prélude avant le 1er couplet seulement.)**

ROBIN

*Simplice.*  p

XIII [1]

Quel cri-eur de ga - zet-tes ai-je en-ten-
du? Porte ail leurs tes sor-net-tes, c'est temps per - du.

CHARLOT

Qu'un Dieu soit né, l'a - ven-ture est é - trange, mais
tu la tiens d'un an - ge, Ro - bin ou-vre les yeux.

---

[1] Pour le Noël entier, Voir Encycl. théol. de Migne, LXIII col. 702. Pour la musique P. Legeay, I, 5.

ROBIN (se levant).

2. Mon Dieu, quelle lumière,
Dans ce hameau,
Vient frapper ma paupière!
Est-ce un flambeau?
J'en suis surpris, il n'est pas ordinaire
Que la nuit soit si claire;
Le jour n'est pas si beau.

L'ARCHANGE (aux premiers mots duquel Robin se retourne
et tombe à genoux)

3. C'est le temps des miracles
Que celui-ci;
L'énigme des oracles
Est éclairci (Robin se relève)
Tout est changé: le corps succède à l'ombre,
Le jour à la nuit sombre,
Le Ciel l'ordonne ainsi.

ROBIN (se relevant).

4. Ce qu'un Dieu fait entendre
Du haut des cieux,
On ne peut le comprendre
Dans ces bas lieux.

GROS-JEAN (riant, sans se déranger)

Qu'un Dieu soit né, l'aventure est jolie!
La plaisante saillie
D'un esprit morfondu!

**L'ARCHANGE** (à la voix duquel soudain Gros-Jean change de physionomie et se retourne étonné)

5. C'est par l'amour extrême
Qu'il a pour vous,
Qu'il vous sauve lui-même
De son courroux.

**CHARLOT** (ému, ravi d'admiration)

Par un arrêt dont il est la victime,
Il s'est chargé du crime,
Et l'homme en est absous !

**L'ARCHANGE**

6. Venez jusqu'au village,
Ne tardez pas ;
Vous devez rendre hommage,
Suivez mes pas,
Voyez l'ardeur de l'amour qui le presse ;
A force de tendresse,
Ferait-il des ingrats ?

**GROS-JEAN**

7. La même ardeur m'enflamme
Dans ce moment ;
Secondez de mon âme
L'empressement.

**TOUS**

Hâtons nos pas, nous ne pouvons attendre.
Peut-on trop tôt se rendre
Près d'un Dieu si charmant !

L'archange disparaît, suivi des quatre bergers.

# ENTR'ACTE

**(Prélude à chaque couplet)**

## LE CHŒUR DES ANGES

XIV [1]

On en-tend par-tout ca - ril - lon sur les monts de Ju - dé - e, an - nonçant du Roi de Si-on, en ter - re l'ar - ri - vé - e, Que nous a pro-duit ce dit-on la Vier-ge, Mè - re du pou-pon. En - vi-ron l'heure de minuit Beno- ni; sans lui le monde au-rait pé-ri, cher a- mi.

2. Hâtons-nous d'aller voir l'enfant
   Couché dans une grange,
   Son petit corps de froid tremblant,
   Sans drapeaux et sans langes.
   Elle n'a pas le moindre haillon,
   La vierge et mère du poupon;
   Le bœuf et l'âne près de lui, Bénoni,
   Du froid le mettent à l'abri, cher ami.

---

(1) V. l'album illustré de l'abbé Rastier ou le P. Legeay, I,
29. Il est bon que ce noël, surtout au prélude et au postlude,
soit accompagné par un carillon de clochettes en accord avec
les instruments.

3. Seigneur, à toutes vos bontés
   Nous sommes redevables
D'être ici nous tous appelés
   A vous voir dans l'étable ;
Nous venons en dévotion,
O vierge mère du poupon,
Que Joseph, votre époux chéri, Bénoni,
Soit toujours notre ferme appui, cher ami.

**(Ritournelle pour finir.)**

# ACTE TROISIÈME

---

La scène est la même qu'à l'acte deuxième.

## SCÈNE I

**PIERROT, JEANNOT** (ils entrent pendant le prélude)

**(Prélude avant le 1ᵉʳ couplet.)**

### PIERROT

XV⁽¹⁾ *Maëstoso.* f

J'en - tends un grand bruit dans les airs, j'entends un grand bruit dans les airs; E - coute Jeannot ces concerts, Tout retentit dans les dé-serts. Voy-ons quelle est cet-te mer - veil - le? En fut-il ja-mais de pa - reil - le.

### JEANNOT

2. Pierrot, j'en suis tout étonnné     *Bis*
   Au bruit je me suis éveillé;
   Et mon esprit émerveillé

---

(¹) V. P. Legeay, I, 11.

Non plus que toi ne peut comprendre
Ce que le Ciel veut nous apprendre.

### PIERROT

3. J'aperçois le berger Clément       *Bis*
   Qui court avec empressement;
   Dis-lui qu'il arrête un moment;
   Il nous dira quelques nouvelles,
   Il en sait toujours des plus belles.

### JEANNOT

4. Clément, où courez-vous si fort,       *Bis*
   Et qui vous cause ce transport?
   Dites-le nous, votre rapport
   Calmera notre inquiétude,
   En nous tirant d'incertitude.

## SCÈNE II
### LES MÊMES, CLÉMENT

#### CLÉMENT (entrant)

5. Ne savez-vous pas qu'en ces lieux       *Bi*
   Un ange est descendu des cieux,
   Qui nous a dit d'un ton joyeux:
   « Écoutez-moi, troupe fidèle,
   J'apporte une bonne nouvelle. »

### PIERROT

6. Clément, nous n'avons rien appris       *Bis*
   Un doux sommeil nous a surpris;

Aussi nous n'avons point compris
Le sujet de tant d'allégresse;
Dites-le nous, rien ne nous presse.

### CLÉMENT

7. *Cet ambassadeur ravissant*
   *Nous a dit que le Tout-Puissant,*
   *Pour nous sauver, s'est fait enfant,*
   *Et qu'à la pauvreté des langes*
   *On connaîtra ce Roi des anges.*

### JEANNOT

8. *Clément, puisque ce nouveau-né*
   *Est comme un pauvre infortuné*
   *De tout le monde abandonné,*
   *Et que sur la paille il repose,*
   *Il faut lui porter quelque chose.*

### CLÉMENT.

9. *C'est pour cela, ami berger,*
   *Que j'ai des œufs dans mon panier;*
   *J'emporte aussi un oreiller,*
   *Des draps et une couverture,*
   *Pour qu'il ne soit pas sur la dure.*

### PIERROT

10. *Que ne puis-je aussi faire un don!*
    *Mais, hélas! je n'ai rien de bon*
    *Pour présenter à ce poupon,*
    *Qu'un peu de beurre et de fromage*
    *Que produit mon petit ménage.*

**JEANNOT**

11. *Pour moi, je ne fais pas le fin ;*
*Je suis pauvre et n'ai pour butin*
*Qu'un faix de bois, que ce matin*
*J'ai serré dans le voisinage :*
*Il l'aura tout et sans partage.*

**PIERROT**

12. *Qui de nous ira le premier ?*
*J'aperçois le vieil Olivier :*
*Ce bon vieillard sait son métier,*
*Il parlera mieux que tout autre ;*
*C'est mon avis, est-ce le vôtre ?*

**CLÉMENT**

13. *Sans doute ce sage vieillard,*
*Pourvu qu'il ne soit pas trop tard,*
*Dira le mieux ; et de ma part,*
*Je ne suis point un trouble-fête ;*
*Je consens qu'il marche à la tête.*

**JEANNOT**

14. *Maître Olivier, dépêchez-vous.*

**PIERROT**

*Vous êtes député de tous,*
*Comme ayant plus d'esprit que nous.*

**CLÉMENT**

*Pour entretenir notre Maître*
*Au nom de la troupe champêtre.*

# SCÈNE III

## LES MÊMES, OLIVIER

### OLIVIER

15. *Bergers, ce sera mon plaisir.*
*Je n'ai pas de plus grand désir*
*Que de contempler à loisir*
*Ce Dieu qui, pour sauver les hommes,*
*S'est fait mortel comme nous sommes.*

(Fausse sortie.)

# SCÈNE IV

**LES MÊMES, CHARLOT** (qui entre au moment où vont sortir les autres, pendant le prélude du noël suivant)

(**Prélude avant le 1ᵉʳ couplet seulement.**)

### OLIVIER

XVI [1]

*Andante.* p

D'où viens-tu mon ber-ger la fa-ce si joy-
eu - se? As - tu ouï ré-di - ger cet- te nouvelle heu- reu - se?

---

[1] P. Legeay, II, 14.

**CHARLOT**

Ah! mon voi - sin! j'ai le cœur si joy - eux,
qu'il ne peut pas ê - tre mi - eux.

**CLÉMENT**

2. Je leur disais qu'est né
   Ce désiré Messie,
   Que Dieu a destiné
   Pour nous sauver la vie.

**CHARLOT**

Oui, j'ai vu l'enfant qu'on nomme Jésus,
Qui vient pour nous sauver là sus.

**OLIVIER**

3. Qui t'a donc fait entrer
   Du palais dans la salle,
   Pour tes yeux contenter
   De sa grandeur royale?

**CHARLOT**

Tout beau, mon vieux, il n'en est pas ainsi,
Car l'humilité marche ici.

**CLÉMENT**

4. Nous fûmes avertis
   De la bonne nouvelle;
   De suite il est parti
   Pour voir chose si belle.

### CHARLOT

Un ange saint, chantant toute la nuit,
M'y a fait aller dès minuit.

### OLIVIER

5. Qui t'a rendu certain
   Si c'est celui-là même
   Qui doit le genre humain
   Oter de peine extrême?

### CHARLOT

Ce sont les chants des anges réjouis
Qui dans ce saint lieu sont ouïs.

### JEANNOT

6. C'est trop l'interroger,
   Cela ne peut que nuire ;
   Mais voudrais-tu, berger,
   En ce lieu nous conduire?

### CHARLOT

Je suis tout prêt; c'est mon plus grand désir
Que vous preniez ce doux plaisir.

### TOUS

7. Allons donc voir ce roi
   Avec reconnaissance  (Jeannot sort)
   (à Charlot) Et amène avec toi
   Moyen de réjouissance.

## CHARLOT

Juste, j'allais chercher quelque présent
Pour me montrer reconnaissant.

*Charlot va pour sortir du côté du village ; la rencontre de Colin et de ceux de son voisinage le fait revenir sur ses pas.*

## SCÈNE V

**PIERROT, CLÉMENT, OLIVIER, CHARLOT, COLIN, GRIGOT, GEORGET, LUCAS** (ces derniers entrent en scène pendant le prélude du noël suivant)

**(Prélude avant le 1ᵉʳ couplet seulement.)**

### COLIN

*Allegro maëstoso.*  *f*

XVII [1]

Voi - sin d'où ve - nait  ce grand bruit
Qui m'a ré - veil lé cet- te  nuit Et tous ceux de mon voi-si-
na - ge. Vrai-ment j'é - tais bien  en cour-roux,
d'en-ten-dre par-tout le vil-la-ge : Sus, sus, ber-gers, Sus,
sus, ber-gers, ré - veil-lez - vous ; Sus, sus, ber-gers, ré -
veil - lez - vous.

---

[1] V. P. Legéay, I, 12.

### CHARLOT

2. Quoi donc! Colin, ne sais-tu pas
Qu'un Dieu vient de naître ici-bas,
Qu'il est logé dans une étable?
Il n'a ni langes, ni drapeaux,
Et, dans cet état misérable,
On ne peut voir,
On ne peut voir rien de plus beau.  *Bis*

### COLIN

3. Qui t'a dit, voisin, qu'en ce lieu
Voudrait bien s'abaisser un Dieu
Pour qui rien n'est trop magnifique!

### CHARLOT ET CLÉMENT

Les anges nous l'ont fait savoir
Par cette charmante musique
Qui s'entendit,
Qui s'entendit hier au soir.  *Bis*

### OLIVIER

4. Plusieurs y sont déjà courus.

### CHARLOT

Quelques-uns en sont revenus,

### OLIVIER

Et disent que c'est le Messie,
Que c'est notre aimable Sauveur,
Qui, selon notre prophétie,
Nous doit causer,
Nous doit causer tant de bonheur.  *Bis*

**CHARLOT**

5. Allons donc, berger, il est temps,
Allons lui chercher nos présents
Et lui faire la révérence.

**PIERROT**

Voyez comme Jeannot y va ;
Suivons-le tous en diligence.

**OLIVIER**

Et nos troupeaux ?

**LES AUTRES**

Et nos troupeaux, laissons-les là.

**CHARLOT**

6. Je dois porter un agnelet,
Mon petit-fils un pot de lait
Et deux moineaux dans une cage ;
Robin portera du gâteau.
Pierrot ?

**PIERROT** (répondant)

Du beurre et du fromage.

**CLÉMENT**

Et le Gros-Jean ?

**CHARLOT**

Et le Gros-Jean un petit veau. *Bis*

### COLIN

7. Pour moi, puisque ce Dieu Sauveur
Doit être un jour aussi pasteur,
Je veux lui donner ma houlette,
Ma panetière avec mon chien,
Mon flageolet et ma musette,
Et mon sifflet,
Et mon sifflet, s'il le veut bien.

### CHARLOT

8. Quand nous aurons fait nos présents,

### OLIVIER

Avec de petits compliments,

### CHARLOT

Autour de lui tous en cadence,
Nous lui souhaiterons le bonsoir,
Et lui ferons la révérence.
Adieu, poupon,

### TOUS

Adieu, poupon, jusqu'au revoir. *Bis*

**(Reprise du prélude.)**

Charlot, Colin et Pierrot sortent du côté du village chercher leurs présents; Olivier les suit; Clément ramasse ses draps, couverture et oreiller, puis, feignant d'avoir oublié quelque chose, il s'en va en courant et revient vers la fin du noël suivant refaire son paquet.

## SCÈNE VI

### GRIGOT, GEORGET, LUCAS

XVIII [1]                 GRIGOT

1. *Séchons randus tôt dau premay* ([2]).
   *Per le baiser, per l'adoray,*
   *Pre chauffay ses drapeas,*
   *Pre buffay son fu, per tiray*
   *De l'aire en ses seillas.*

### GEORGET

2. *Oui, mais v'la men embarras;*
   *Que dire, quand y serons là-bas,*

---

Nous donnons la traduction du n° XVIII, écrit en patois vendéen (partie du Bocage) avec un naturel parfait :

#### GRIGOT

1. Soyons rendus tout des premiers
   Pour le baiser, pour l'adorer,
      Pour chauffer ses drapeaux,
   Pour souffler son feu, pour tirer
      De l'eau dans ses seaux.

#### GEORGET

2. Oui, mais voilà mon embarras :
   Que dire, quand nous serons là-bas ;

[1] Voir musique n° XVIII, page 86.
[2] V. Libaros, II, 100.

*Per notre compliment ?*
*Çà, Grigot, que diras-tu, ta,*
*Quand tu voiras l'enfant ?*

**GRIGOT**

3. *Y li dirai : « Banjour Mosiu !*
*Quemant que s'porte le ban Diu,*
*Et là-haut tot cheuz vous ?*
*Vous vela donc en notre liu ;*
*Y'an sons ravis tertous. »*

**GRIGOT**

4. *Le veux-tu dir d'in aut'façon,*
*Y dirai : « Banjour, bia poupon,*
*Avez-vous déjuné ?*
*Êtes-vous vioge ? Y venons*
*Voër si vez êtes né. »*

---

Pour notre compliment !
Çà, Grigot, que diras-tu, toi,
Quand tu verras l'enfant ?

**GRIGOT**

3. Je lui dirai : « Bonjour, Monsieur !
Comment se porte le bon Dieu,
Et là-haut tous chez vous ?
Vous voilà donc en notre lieu,
Nous en sommes ravis tous. »

**GRIGOT**

4. Le veux-tu dire d'une autre façon,
Je dirai : « Bonjour, beau poupon,
Avez-vous déjeûné ?
Êtes-vous vigoureux ? Nous venons
Voir si vous êtes né. »

### GEORGET

5. *Pré ma qui sais poé trop hardi,*
   *Y tirrat le pé devant li,*
       *Et pis y f'rai sembliant*
   *De parler ; gle croira qu'y dis*
       *Merveille entre les dents.*

### LUCAS

6. *Après avoir pris mon bounet,*
   *M'être mouché per êt'bé net,*
       *Et fait les baisemains*
   *De mon père et pis de Jacquet,*
       *Y dirai, si je n'crains :*

7. *« Servitur, ban Diu, vous voici ;*
   *Vous vous portez bé, Diu merci,*

---

### GEORGET

5. Pour moi, qui ne suis pas trop hardi,
   Je tirerai le pied devant lui,
       Et puis je ferai semblant
   De parler ; il croira que je dis
       Merveille entre les dents.

### LUCAS

6. Après avoir pris mon bonnet,
   M'être mouché pour être bien net,
       Et avoir fait les compliments
   De mon père et puis de Jacquet,
       Je dirai, si je ne crains :

7. « Serviteur, bon Dieu, vous voici ;
   Vous vous portez bien, Dieu merci,

*Vraiment yen suis charmé.*
*Y me porterais ben aussi,*
*Mais y sais t'enrhumé.*

8. *Man ban Jésus, quand y ve voé,*
*Man tchur est farfouillé de joé ;*
*L'aise me fait chanter,*
*Qui me donne à vous mille foé,*
*Et qui veut vez aimer.*

9. *Man grand-père autrefoé lisa,*
*C'était, y cré, dans l'almanach,*
*Que vous deviez venir.*
*En mourant y me prescrira*
*De terjou vous servir.*

10. *Faites-moé savoër sans façon*
*Ce qu'y faut que je fassions*

---

Vraiment, j'en suis charmé.
Je me porterais bien aussi,
Mais je suis enrhumé.

8. Mon bon Jésus, quand je vous vois,
Mon cœur est tout ému de joie ;
Le contentement me fait chanter.
Je me donne à vous mille fois,
Et je veux vous aimer.

9. Mon grand-père autrefois lisait,
C'était, je crois, dans l'almanach,
Que vous deviez venir.
En mourant, il me prescrivit
De toujours vous servir.

10. Faites-moi savoir sans façon
Ce qu'il faut que nous fassions

*Pre plaire à vos bontés,*
*A queu l'honneur que je séchions*
*De vos domestiqués. »*

GRIGOT ET GEORGET (à Lucas)

11. *Ah! jarti! t'es le pus savant,*
*Et ben, Lucas, marche devant*
*Et parle per tertous ;*
*Qui creyait que t'en sarais tant ?*
*T'es bé pus fin que nous !*

Lucas, Georget et Grigot s'en vont du côté de la crèche.

## SCÈNE VII

### CLÉMENT, puis SYLVANDRE

Clément est en train de faire encore une fois son paquet,
quand, pendant le *prélude,* survient Sylvandre.

**(Prélude avant le 1er couplet seulement.)**

XIX⁽¹⁾                          CLÉMENT

Tiens, c'est toi Syl-vandre, pourquoi par i - ci?

*(bis.)*

Pour plaire à vos bontés,
Pour avoir l'honneur d'être
Du nombre de vos serviteurs. »

11. Ah ! jarni ! tu es le plus savant,
Eh bien, Lucas, marche devant,
Et parle au nom de tous.
Qui croyait que tu en savais tant ?
Tu as bien plus d'esprit que nous.

(¹) V. le recueil des *Noëls nouveaux* publié chez Leclerc, à Paris,
299. Pour la musique et l'accompagnement, P. Legeay, II, 6.

**SYLVANDRE**

Que viens-je d'en-ten-dre ? Peux - tu me l'ap-
pren-dre; que viens-je d'en-ten-dre ? Dis-moi qu'est ce - ci ?

**CLÉMENT**

2. Un Dieu vient de naître
   Près de ce hameau ;            } Bis
   Chacun fait paraître,
   Pour ce divin maître,
   Chacun fait paraître
   Le soin le plus beau.

**SYLVANDRE**

3. Quoi ! le roi de gloire
   Descendrait des cieux !        } Bis
   Non je ne puis croire
   Une telle histoire;
   Non je ne puis croire
   Qu'il naisse en ces lieux.

**CLÉMENT**

4. C'est un ange même
   Qui nous a parlé;              } Bis
   Un Dieu qui nous aime
   D'un amour extrême,
   Un Dieu qui nous aime
   Nous est révélé.

**SYLVANDRE**

5. Ce discours m'enflamme,
   Je ne sais pourquoi;          } Bis
   Je sens dans mon âme

Une ardente flamme;
Je sens dans mon âme
Une vive foi.

### CLÉMENT

6. Allons rendre hommage        } *Bis*
   A ce nouveau-né;
   C'est un tendre gage
   De notre héritage;
   C'est un tendre gage
   Dieu nous l'a donné.

Dès que paraît Olivier, Clément lui cède le pas, ainsi que Sylvandre, auquel il donne une partie de ses présents, par exemple son panier d'œufs, pendant le *prélude* du noël suivant.


# SCÈNE VIII

OLIVIER, CLÉMENT, SYLVANDRE, CHARLOT (un agneau sur les épaules); GUILLOT (un pot de lait sur la tête et une cage en main); ROBIN (portant un gâteau); PIERROT (tenant un panier de beurre et de fromage); GROS-JEAN (tenant sur son épaule l'extrémité d'un bâton, dont l'autre bout est porté par Colin; à ce bâton est suspendu par les quatre pieds liés ensemble un veau); COLIN (avec sa panetière, sa houlette, son flageolet... et son chien). — LE CHŒUR DES ANGES.

(Prélude à chaque couplet.)

### LES BERGERS

Allegro moderato.

XX [1]

Al-lons, ber-gers, par-tons tous, l'An-ge nous ap-pel-le, Un Sau-veur est né pour nous; l'heu-reu-

---

[1] V. P. Legeay, I, 29.

se nou - vel - le ! U-ne é - table est le sé - jour Qu'a choi-

si ce Dieu d'a-mour. Courons au zau zau, courons plus plus

plus, Courons au, Courons plus, Courons au plus vi - te,

à ce pau-vre gî - te.

Les bergers ont traversé la scène en chantant ce premier couplet ; le chœur des anges, qui est entré en scène après eux, chante le second.

### LE CHŒUR DES ANGES

2. Quand Dieu naquit à Noël,
    Dedans la Judée,
On vit ce jour solennel,
    La joie inondée,
Il n'était petit ni grand
Qui n'apportât son présent
        Et n'o no no no
        Et ne frit, frit, frit,
        Et no no, et ne frit,
        Et n'offrit sans cesse
        Toute sa richesse.

Les anges disparaissent, les bergers reviennent. Même jeu pour les troisième et quatrième couplets que pour les premier et deuxième.

### LES BERGERS

3. De nos plus charmants concerts
    Que tout retentisse.
Le ciel à nos maux divers
    Est enfin propice.
Accordons en ce grand jour
Le fifre avec le tambour,

Tymbale et let let,
Tymba trom trom trom
Tymbale et, tymba trom,
Tymbale et trompette,
Pour lui faire fête.

### LE CHŒUR DES ANGES

4. L'un lui porte un bel agneau
       Avec un grand zèle ;
  L'autre un peu de lait nouveau
       Dedans une écuelle.
  Tel sous de pauvres habits,
  Avec un peu de pain bis,
       Le plus beau beau beau,
       Le plus fro fro fro,
       Le plus beau, le plus fro,
       Le plus beau fromage,
       Pour lui faire hommage.

### LE CHŒUR DES ANGES

5. Mais pour bien faire la cour
       A ce nouveau maître,
  Notre zèle et notre amour
       Doivent surtout paraître.
  Que chacun ouvre son cœur
  Tout brûlant de cette ardeur.
       C'est la sain, sain, sain,
       C'est la to, to, to,
       C'est la sain, c'est la to,
       C'est la sainte offrande
       Que Jésus demande.

(Reprise du prélude.                [RIDEAU]

# ACTE QUATRIÈME

La scène représente le palais d'Hérode. Trône royal. Trois
sièges. A l'ouverture du rideau, l'orchestre joue la *Marche
des rois* (nᵒ VI).

## SCÈNE I

UN OFFICIER DU PALAIS D'HÉRODE, DEUX GARDES
(Melchior, Gaspard, Balthazar et les pages sont dans les
coulisses).

**(Prélude avant chaque couplet.)**

XXI [1]  MELCHIOR (de dehors)

1. Ouvrez la porte, ouvrez,
    Garde pharisienne,
    Et puis vous apprendrez
    Le dessein qui vous mène.

L'OFFICIER

Oui, mais dans ces quartiers,
Ce n'est pas la méthode
D'ouvrir aux étrangers,
Sans avertir Hérode.

---

[1] Air du nᵒ V, page 22.

### L'OFFICIER

2. C'est le roi du pays,
   Ainsi que vous du vôtre.
   Il sera bien surpris
   Qu'on lui parle d'un autre.

### MELCHIOR

Nous suivions, direz-vous,
Une étoile nouvelle :
Elle allait comme nous,
Et nous allions comme elle.

### MELCHIOR

3. Ce sont trois inconnus,
   Lui direz-vous encore,
   Qui se disent venus
   Des climats de l'aurore.
   Ouvrez la porte, ouvrez,
   Garde pharisienne.
   D'apprendre vous venez
   Le dessein qui vous mène.

*L'officier sort.*

# SCÈNE II

## LE CHŒUR DES ANGES, LES DEUX GARDES

### LE CHŒUR DES ANGES

4. Dans son ciel cependant
   L'étoile est remontée,
   Et la cour d'Orient
   En paraît contristée.

N'est-ce point, en passant,
Un avis qu'on nous donne,
Que : Qui voit un méchant,
La grâce l'abandonne.


## SCÈNE III

### HÉRODE, L'OFFICIER, LES DEUX GARDES, MELCHIOR, GASPARD, BALTHAZAR, LES PAGES

Hérode entre d'abord suivi de son officier, qui introduit ensuite les rois mages. Hérode s'assied en arrivant sur son trône. Ces mouvements se font pendant le *prélude* du nº XXII, qui se dit avant le premier couplet seulement.

### LES TROIS MAGES

Hon-neur vous soit, Roi de Hié-ro-so-ly-me! Hon-neur vous soit, puis-san-te Ma-jes-té, Prin-ce rem-pli de ma-gna-ni-mi-té, Que l'u-ni-vers prise, ho-nore et es-ti-me.

### HÉRODE

Sur un signe d'Hérode, les mages s'asseoient.

2. Dieu garde, ami, vous et votre Meignie.
   D'où venez-vous? que cherchez-vous ainsi?

---

(¹) P. Legeay, II, 2ᵗ.

Qui vous amène en cette terre-ci,
En un tel ordre et telle compagnie ?

### LES TROIS MAGES

3. Excusez-nous, ô royale puissance ;
Nous avons vu un astre plusieurs nuits,
Qui nous prédit qu'est né le Roi des Juifs ;
Nous venons voir où il a pris naissance.

### HÉRODE

4. Que savez-vous si c'est en cette terre ?
Si je savais qu'on tînt autre que moi
Qui seulement portât le nom de roi,
Fût-il un Dieu, je lui ferais la guerre.

### MELCHIOR

5. Ne vous fâchez, vous, ni votre famille ;
Mais le flambeau, vrai messager de Dieu,
Nous a conduits et quittés en ce lieu,
Disparaissant quand fûmes en la ville.

### HÉRODE

6. Je ne sais pas, il faut que je confère
De tout ceci à nos subtils docteurs,

Sur un signe d'Hérode, l'officier sort.

A mes devins, scribes, savants docteurs,
Puis on saura ce qu'est de cette affaire.

### LES TROIS MAGES

7. C'est la raison, sage roi, la prudence
Qui fait régner les empereurs et rois,
En mariant les armes à leurs lois,
Et, au futur, usant de prévoyance.

Les mages saluent et se retirent.

(Reprise du prélude.)

## SCÈNE IV

### HÉRODE, LES DEUX GARDES

#### HÉRODE

8. *O terre! ô ciel! vite il faut que je sache*
*Quel est celui que cherchent ces mignons;*
*Un roi peut-il avoir des compagnons?*
*Plutôt mourir que d'avoir cette tache!*

## SCÈNE V

### HÉRODE, LES DEUX GARDES, L'OFFICIER, DEUX DOCTEURS DE LA LOI ET UN CONSEILLER DU ROI

**Hérode fait signe aux docteurs de prendre les sièges laissés par les mages.**

XXIII [1]                    HÉRODE

1. *Docteurs, sans vous déplaire,*
*Puis-je avec liberté*
*Quelques questions vous faire*
*Sur la nativité*
*De votre Rédempteur, qu'on nomme le Messie,*
*Votre Réparateur*
*Sauveur,*
*Lequel serait donné*
*Et né*
*De la vierge Marie?*

(1) Air nº IX.

**PREMIER DOCTEUR**

2. *Vous le pouvez Hérode,*
*Vous nous ferez plaisir ;*
*La réponse est commode,*
*J'en ai tout le loisir.*
*Je sais un peu la loi, j'ai lu la prophétie.*
*Aux prophètes, pour moi,*
*Je crois ;*
*Mais bien mieux par la foi*
*Je vois*
*La promesse accomplie.*

**HÉRODE**

3. *Donc, ma première envie*
*Ce serait de savoir*
*Pourquoi votre Messie*
*On espérait de voir*
*A ces jours si précis, environ ces semaines ?*
*Pas un de nos savants*
*Du temps*
*Et nul parmi nos gens*
*Céans*
*N'a de preuves certaines.*

**PREMIER DOCTEUR**

4. *Sans être fort habile,*
*On répond à cela,*
*La réponse est facile,*
*En un mot la voilà :*
*Au chaste Daniel, après une prière*
*Qu'il fit avec ferveur,*
*De cœur,*

*Vint l'ange Gabriel*
*Du ciel,*
*Tout brillant de lumière.*

5. *« Entends, dit-il, prophète :*
*Je descends en ce lieu*
*Pour être l'interprète*
*Des volontés de Dieu ;*
*Ton oraison était à peine commencée,*
*Qu'aux cieux elle montait*
*Tout droit,*
*Et Dieu qui l'écoutait,*
*Disait*
*Qu'elle était exaucée.*

6. *« Soixante-dix semaines,*
*O homme de désir,*
*Mettront fin à vos peines*
*Et à vos déplaisirs.*
*Ces jours s'abrégeront suivant la prophétie ;*
*Alors ceux qui vivront*
*Verront*
*Dans le terme prescrit*
*Le Christ,*
*La promesse accomplie. »*

**HÉRODE**

7. *Est-ce une prophétie*
*Qu'on doit voir en ce temps*
*De nos jours accomplie*
*Après quatre cents ans ?*
*C'est une fausseté, c'est une rêverie,*

*Un mensonge inventé,*
*Chanté*
*Par un méchant esprit,*
*Écrit ;*
*C'est une tromperie.*

PREMIER DOCTEUR

8.  *Que votre seigneurie*
*M'entende encore un peu :*
*Ce n'est point raillerie,*
*Non, ce n'est pas un jeu,*
*Car le prophète entend des semaines d'années,*
*Qui dans quatre cents ans*
*De temps*
*Que le prophète est mort,*
*Qu'il dort,*
*Ne sont point écoulées.*

9.  *Il faut bien des années*
*Pour accomplir ce temps.*
*En voilà de passées*
*Pour le moins quatre cents.*
*Sept fois soixante-dix ou bien sept fois septante,*
*Je ne m'abuse point*
*D'un point*
*C'est le nombre parfait,*
*Tout fait,*
*De quatre cents nonantes.*

HÉRODE

10.  *Votre parole est claire,*
*Et ce temps va venir ;*

De ce divin mystère
Parlez tout à loisir ;
Ne vous arrêtez point, voyons d'autres prohètes.
Ils virent tous les temps
Présents ;
Ils virent l'avenir
Venir
Comme des choses faites.

### DEUXIÈME DOCTEUR

11. Quand Jacob, notre père,
Bénit, avant sa mort,
Ses fils avec mystère,
Et qu'il prédit leur sort :
« Mon fils, dit-il, Juda, que j'aime ta personne !
Ton âge est le soutien
Du mien ;
Dieu comblera de biens
Les tiens ;
Ils auront la couronne.

12. « De ta maison illustre,
Aucun n'enlèvera
Le sceptre ; dans son lustre
Il y demeurera,
Et l'on verra des rois issus de ta lignée
Jusqu'à ce que le Christ
Prédit
Descende en ces bas lieux
Des cieux
Et naisse en la Judée.

13. *Chose bien assurée*
*Que n'ayant pas de roi*
*Qui soit de sa lignée,*
*Il faudrait que la loi*
*Fût une illusion et une tromperie,*
*Si sur la fin des temps*
*Des ans*
*Et sur la fin des cours*
*Des jours*
*N'était né le Messie.*

XXIV [1]          LE CONSEILLER

1. *Prince, il est vrai que tout le monde dit*
*Qu'en Galilée un prophète prédit*
*A depuis fort peu pris naissance,*
*Que toute la Judée attend beaucoup de lui,*
*Que c'est toute son espérance,*
*Son bonheur et sa gloire et son plus ferme appui.*

2. *C'est l'entretien des Juifs en notre temps,*
*Des plus petits jusques aux vieilles gens.*
*Prince, il est de la politique*
*D'arrêter ce faux bruit dès son commencement.*
*Je ne sais pas ce qu'Isaïe explique;*
*Grand prince, songez-y, songez-y mûrement.*

3. *Tous les rabbins, d'une commune voix,*
*M'ont assuré, et ce plus d'une fois,*
*Que la Judée verra naître*
*Un jour en Bethléem un prophète attendu,*
*Qui doit être leur roi, leur maître;*
*Cet enfant est ce roi, ce maître prétendu.*

[1] Air n° IX.

XXIII (*fin*)                    HÉRODE

14. *Sortez de ma présence*
*Et n'y reparaissez.*
*Docteurs pleins d'insolence,*
*Vous m'éclairez assez !*
*Vous voulez contre moi soulever la Judée,*
*En cherchant dans la loi*
*Un roi !*
*Je connais vos projets*
*Secrets ;*
*Ma main est bien armée !*


## SCÈNE VI

### HÉRODE, LES DEUX GARDES

XXIII (*suite*)                    HÉRODE

9. *Pour un instant cachons notre colère,*
*Faisons un accueil trompeur à ces rois ;*
*La ruse est, dit-on, de meilleure guerre*
*Que trop de violence quelquefois.*


## SCÈNE VII

### LES MÊMES, L'OFFICIER, LES MAGES ET LEURS PAGES

( Reprise du prélude du n° **XXII** )

#### HÉRODE

10. J'ai, mes seigneurs, consulté les prophètes,
Lesquels m'ont dit que c'est en Bethléem,

A deux lieues de ce Jérusalem ;
Vous l'y verrez, selon mes interprètes.

### MELCHIOR

11. Hé quoi ! grand roi, serait-il donc possible
Que l'Éternel, qui de nous a le soin,
Nous ait fait voir son miracle si loin,
Et non à vous ? serait chose terrible !

### HÉRODE

12. Répondez-moi, depuis quand l'avez vue,
Cette clarté et cet astre luisant ?
Et depuis quand vous va-t-il conduisant
Du partement jusqu'à votre venue ?

### GASPARD

13. Douze jours sont, que, dans notre puissance
Nous trois témoins, avons vu de nos yeux
Ce feu divin nous tirant de nos lieux
Jusques ici, très débonnaire prince.

### HÉRODE

14. Qu'espérez-vous, quand vous verrez la place
Là où est né celui que vous cherchez ?
Pour le profit de lui vous approchez ;
Mais votre espoir est fondé sur la glace.

### MELCHIOR

15. L'astre nouveau nous donna l'assurance
Que c'est quelqu'un qu'on doit bien honorer,
Voilà pourquoi nous allons l'adorer,
Lui rendre hommage en toute révérence.

### HÉRODE

16. Ah ! c'est bien fait, mettez-vous en la voie,
Et de l'enfant surtout vous informez ;
Puis promptement devers mois revenez,
Afin qu'aussi j'y aille en toute joie.

### LES TROIS MAGES

17.  Nous le voulons, altesse libérale,
     A vous, grand roi, nous sommes trop tenus;
     En attendant que soyons revenus,
     Nous vous disons adieu, ô cour royale!

Les trois mages saluent, et se retirent.

**(Reprise du prélude.)**

## SCÈNE VIII

### HÉRODE, L'OFFICIER, LES DEUX GARDES

**XXIV (suite)**        HÉRODE (à l'officier)

4.  *Mes chers amis, fidèles confidents,*
    *Vous qui voyez les tristes accidents*
            *Que nous pouvons justement craindre,*
    *Allez en Bethléem et aux lieux d'alentour,*
            *Égorger les enfants sans feindre,*
    *Depuis ceux de deux ans jusques à ceux d'un jour.*

5.  *Adroitement vous les assemblerez*
    *Dans quelque lieu, lequel vous choisirez*
            *Pour exécuter l'entreprise.*
    *Prenez garde surtout qu'on les y mène tous,*
            *Sans crainte d'aucune surprise ;*
    *Et que pas un d'entre eux n'échappe à mon cour-*
                    *[roux]*

L'orchestre joue la *Marche des rois* (n° VI). Le rideau tombe.

## ENTR'ACTE

### PASTOURELLE DE TOURS

Le berger Jeannot arrive joyeux à l'avant-scène raconter le voyage des Tourangeaux à la crèche.

**(Prélude à chaque couplet.)**

Animato.

XXV [1]

Du Jar-din de la Fran-ce, il

vint des pas-tou-reaux, Que par leur dif-fé-ren-ce L'on

nom-me Tou-ran-geaux, Pré-sen-ter à la Rei-ne, des

beaux fruits de Tou-rai-ne et des draps les plus fins de

tous les ma-ga-sins.

2. Un motet en musique
   Saint-Gatien, Saint-Martin
   Ont chanté pour cantique
   A l'honneur du Dauphin;
   Puis ont fait leur offrandre
   Et magnifique et grande,
   Demandant tour à tour
   Sa grâce et son amour.

---

[1] La pastourelle de Tours devra évidemment être remplacée dans chaque ville par celle qui lui est propre. A Chartres, on chantera: *Tous les bourgeois de Chartres*; à Angers: *Allez à Saint-Maurice*; à Nantes: *A la venue de Noël*; à Orléans: *Sortons de nos tanières*, etc. etc. La pastourelle, à cause de son caractère tout local, a toujours beaucoup de succès.

3. Saint-Saturnin ensuite
   Donna de son trésor
   Une étoffe d'élite,
   De brocart, de fin or,
   Sa frange, sa doublure,
   D'une riche parure,
   Tous les plus beaux atours
   Qui fussent dedans Tours.

4. *Les marchands de soierie*
   *De Saint-Pierre-Puellier*
   *Sont venus voir Marie,*
   *Et son Fils supplier*
   *D'un cœur humble et sincère*
   *De recevoir leur chère,*
   *Et ne refusèrent pas*
   *De leurs beaux taffetas.*

5. *De Saint-Pierre-du-Boille*
   *Les pasteurs sont venus*
   *Apporter de la toile*
   *Au saint enfant Jésus;*
   *Des bas et des mitaines*
   *De leurs plus fines laines,*
   *Pour servir au Poupon*
   *Dans la froide saison.*

6. *Saint-Clément, qui raffine*
   *Sur le plus pur froment,*
   *Porta de la farine*
   *Avec empressement;*
   *Et Saint-Simple se presse*
   *D'aller faire largesse*

Au nom de Saint-Éloi,
Qui n'avait pas de quoi.

7. Sainte-Croix, Saint-Hilaire,
Saint-Denis l'Écrignol,
Semblaient tous contrefaire
Le chant du rossignol ;
Chargés de confitures,
De pâtés, de fritures,
Et de beau fruit diapré,
Pour le Dauphin sacré.

8. Saint-Vincent, Saint-Étienne,
Pour l'aller secourir,
Étaient tout hors d'haleine
A force de courir ;
Mais la troupe choisie,
Craignant la pleurésie,
Prit à Saint-Avertin,
En passant, du bon vin.

9. Par un point de prudence,
Les gens du Chardonnet,
Usant de prévoyance,
Prirent tous leur bonnet,
Et nombre de fusées,
Qu'ils n'avaient pas filées,
Mais qu'ils avaient pourtant
Pris pour argent comptant.

(Reprise du prélude.)

10. Du quartier de la Riche,
Les bourgeois et marchands

Ont porté de la miche,
Et fait venir des champs
La crème la plus fine
Pour la Mère divine,
Et du lait du Plessis
Pour donner à son Fils.

11. Une bande d'islières
Partirent de grand matin,
Pour aller des premières
Saluer le Dauphin ;
Mais, manque de finance,
Pour lui rendre assistance,
Elles promirent bien
De le blanchir pour rien,

12. Les pastoureaux fidèles
De Saint-Symphorien
Jouaient bien de leurs vielles,
Qui s'accordaient fort bien ;
Mais leur bourse déserte,
Ne pouvant faire offerte,
Ils dirent des chansons
De toutes les façons.

13. *Des varennes fertiles*
*De Saint-Pierre-des-Corps,*
*Un grand nombre de filles*
*Apporta des raiforts*
*Et quantité d'herbages,*
*Pour faire des potages ;*
*Puis Saint-Marc le dernier,*
*De choux un grand panier.*

14. *Un troupeau plein de flammes,*
   *Dans un dessein pieux,*
   *Vint de la Ville-aux-Dames*
   *Pour présenter ses vœux,*
   *Et demander excuse*
   *D'une âme bien confuse*
   *D'avoir tant résisté*
   *A ce Dieu de bonté.*

15. *La visite étant faite,*
   *Chacun se retirant*
   *Présenta sa requête*
   *A Marie, à l'enfant :*
   *Demandant tous par grâce*
   *D'avoir un jour leur place*
   *Au royaume des cieux*
   *Pour comble de leurs vœux.*

Jeannot se repose un peu pendant le *prélude* du n° XXVI, puis reprend aussitôt.

**(Prélude à chaque couplet.)**

### LE NOEL DES MÉTIERS

Allegro.   p

XXVI [1]

Sur ce, vien-nent deux procu-reurs qui deman-dent l'é-ta-ble Où é-tait ce roi des Sei-gneurs, Ce Dieu si tant ai-ma-ble. Nous n'en sa-vons rien di-sent-ils; Nous sommes

[1] V. Libaros, I, 110.

en dis - pu - te, Sa-voir si  ce beau pe-tit fils est né dans

u - ne hut - te.

2. Il ne faisait encore jour
   Quant ces gens arrivèrent,
Chacun d'eux y fut à son tour;
   Les *procureurs* entrèrent,
Parce qu'ils étaient les premiers;
   Par un hasard étrange,
Le feu se prit dans leurs papiers
   Comme on chauffait les langes.

3. Les *typographes,* pour présent,
   Apportèr*ent* une bible,
Des presses sortie récemment,
   Et beaucoup d'autres livres;
Puis ils supplièrent l'Enfant
   D'une façon civile,
De leur permettre, dans cent ans,
   D'imprimer l'Évangile.

4. Les *relieurs,* au point du jour,
   Arriv*èrent* à la fête;
Chacun d'eux voulut à son tour
   Faire un cadeau honnête;
Mais ne se trouvant pas d'accord
   Sur quelque point frivole,
L'Enfant les remerciant d'abord,
   Reçut leurs *jattes* à colle.

5. On vit entrer des boulangers,
   Qui donnèrent des miches,
Avecque quatre pâtissiers
   Apportant des saucisses ;
Joseph les mit dans un panier ;
   Elles n'y furent gvère,
Car un friand de galonnier
   Les lui prit par derrière.

6. Le chaussetier et le tailleur,
   Qui sont toujours contraire,
Furent ensemble à ce seigneur,
   A ce Dieu débonnaire,
Et là, lui demandant pardon
   De leur faute commise,
L'un donne à Jésus un landon,
   L'autre une chemise.

7. Un cordonnier bien humblement
   Adore le Messie,
Et lui consacre constamment
   Le reste de sa vie ;
Ensuite on vit deux chandeliers,
   D'une amitié fidèle,
Qui lui donnèrent volontiers
   Dix livres de chandelle,

8. Un menuisier dans ce taudis
   Remet une fenêtre.
Un charpentier nommé Cotris
   Voulut faire le maître ;
Un serrurier lui demanda
   S'il n'en voulait point être ;

*Mais un* coutelier *répliqua*
*Qu'il n'en était pas maître.*

9. *Un* sergetier *donne à Jésus*
   *Quatorze aunes de serge.*
*Le* tisserand *encore plus*
   *D'une toile bien large ;*
*Sans oublier un beau couteau*
   *Bien garni de dorure*
*Qu'eut Joseph, de Châtellerault,*
   *Sans payer de voiture.*

10. *D'un air aussi doux que constant,*
   *Un* imprimeur *s'avance,*
*Qui adorant dévotement*
   *Jésus dans son enfance,*
*Lui dit : « Je vous donne mon cœur !*
   *Père de tout le monde,*
*Conservez tous les imprimeurs*
   *Sur la terre et sur l'onde !... »*

Jeannot se retire, et fait place au chœur des anges, qui arrivent pendant le *prélude* du nᵒ XXVII pour chanter le *Noël des fleurs.*

**(Prélude à chaque couplet.)**

### LE NOEL DES FLEURS

Amabile.　　p

XXVII [1]

Sans plus at-tendre, Pré-parons un pré-

sent, Al-lons nous ren-dre Près de Jé-sus nais-sant, Pré-

---

[1] P. Legeay, II, 31.

tez charmantes fleurs, Vos plus vives couleurs, Fai-tes à tous com-

pren-dre, Que vous don-nez vos cœurs, Sans plus at-ten-dre.

2. La violette,
Dans sa sombre couleur,
N'est découverte
Que par sa douce odeur.
Dans sa propriété
On voit l'humilité,
Cette vertu secrète
Rappelle en vérité
La violette.

3. Que Jésus aime
La blancheur d'un beau lis,
Candeur suprême,
Oh! que je vous chéris!
Épouse de l'Agneau,
Par un bienfait nouveau,
Obtenez-nous de même
D'avoir le lis si beau
Que Jésus aime!

4. La belle rose,
Dans sa vivacité,
N'est autre chose
Qu'amour et charité;
Sur toutes les vertus
L'amour a le dessus;
Que chacun se propose
De porter à Jésus
La belle rose!

(Le Noël continue sans interruption.)

# ACTE CINQUIÈME

La scène représente la campagne de Bethléem. A droite, une coulisse figure la crèche avec l'enfant Jésus, la sainte Vierge, saint Joseph, l'âne et le bœuf. La scène n'est qu'à demi éclairée.

Si on le préfère, on peut faire chanter le *Noël des fleurs* en entier au commencement de l'acte.

## SCÈNE I

### JEANNOT, LE CHŒUR DES ANGES.

#### LE CHŒUR DES ANGES

Jeannot, à l'ouverture du rideau, est agenouillé devant la crèche, ayant près de lui son « faix de bois ».

XXVII (*suite*). 5. Dans votre crèche,
    Adorable Jésus,
      Notre cœur cherche
    Le doux fruit des vertus.
    Nous vous offrons nos cœurs
    Pour y planter des fleurs ;
    Qu'elles soient toujours fraîches
    Et de vives couleurs
      Dans votre crèche.

# SCÈNE II

## LES MÊMES, LUCAS, GEORGET, GRIGOT.

Lucas entre, et s'avance timidement ; Georget le suit plus timidement encore « tire le pé, et fait semblant de parler », enfin Grigot. Jeannot reste en adoration.

( **Prélude à chaque couplet.** )

LUCAS (après s'être mouché « per être bé net », s'agenouille et chante)

Allegretto.

XVIII

Ser - vi - tur, Lan Diu, vous voi-ci ; Ser - vi - tur, ban Diu, vous voi - ci ; vous vous por-tez bé, Diu mer-ci, Vraiment yen suis char - mé. Y me por-te - rais ben aus - si, Mais y sais en - rhu - mé.

8. Man ban Jésus, quand y ve voé, etc. (*V. p.* 57)

9. Man grand-pèro autrefoé lisa, etc. (*V. p.* 57)

10. Faites-moé savoër sans façon, etc. (*V. p.* 57)

Après le compliment do Lucas, les trois bergers s'effacent dans le fond de la scène pendant le *prélude* suivant.

## SCÈNE III

LES MÊMES, OLIVIER, puis CLÉMENT, SYLVANDRE, CHARLOT, GUILLOT, ROBIN, PIERROT, GROS-JEAN, COLIN.

(Prélude à chaque couplet.)

OLIVIER (à l'entrée, les bras étendus)

XV (suite) 16. Je suis saisi d'étonnement     *Bis*
Voyant l'étrange abaissement
Du Souverain du firmament.

JEANNOT (allant au-devant d'Olivier)

Olivier, entrez au plus vite
L'adorer dans son pauvre gîte.

Olivier entre avec majesté, et s'avance jusqu'au près de la crèche ; ceux qui le suivent s'agenouillent en demi-cercle derrière lui, à l'exception de Gros-Jean et de Colin, qui restent debout, mais découverts.

OLIVIER

17. Nous voici, mon divin Sauveur     *Bis*
Prosternés d'esprit et de cœur,
Pour adorer votre grandeur ;
Recevez nos profonds hommages :
Nous voulons tous être à vos gages.

18. Nous sommes de simples bergers     *Bis*
Que de célestes messagers
Ont fait quitter champs et vergers
Pour venir vous voir dans la crèche,
Couché sur de la paille sèche.

**19.** Seigneur, dans vos besoins pressants *Bis*
Recevez nos petits présents,

*Les bergers font signe d'offrir leurs présents.*

Et pour que nous soyons contents,
Daignez nous bénir, je vous prie,
Vous et l'admirable Marie !

*Olivier se lève, va baiser les pieds de l'enfant Jésus, et se retire au fond : les bergers, qui l'ont suivi, viennent déposer leurs présents suivant une disposition bien convenue d'avance ; puis tous se retirent vers le fond de la scène, agenouillés. Pendant ces mouvements, qui doivent se faire sans précipitation, l'orchestre joue la Marche des rois (n° VI).*

## SCÈNE IV

### LES ANGES, LES BERGERS, puis LES MAGES et LEURS PAGES

*Dès le prélude du n° XXVIII, Clément s'est levé, et s'est approché des coulisses à sa gauche. Pendant le premier couplet, il disparaît, revient faire signe à Grigot, Georget, Lucas, et les emmène.*

**( Prélude à chaque couplet.)**

LES TROIS MAGES (derrière la scène)

*Moderato.*    *p*

XXVIII [1]

Nous som-mes trois sou - ve - rains,

Prin - ces de l'O - ri - ent, Qui voy - a - geons de nos Pro-

vin-ces en Oc-ci - dent, Pour a-do - rer le roi des rois dans

---

[1] V. P. Legeay, I, 31.

sa nais - san - ce Et re-ce-voir les douces lois que don-ne

son en - fan - ce.

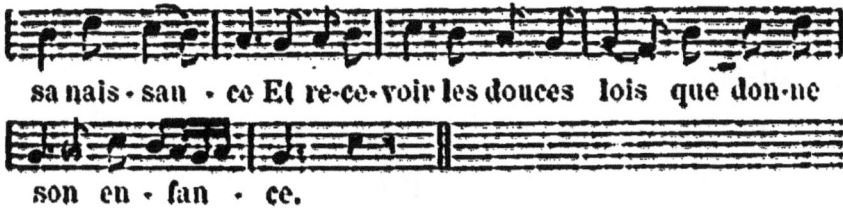

C'est à Clément et à ceux qu'il est venu chercher que s'adresse Melchior dans le deuxième couplet.

### MELCHIOR

2. Apprenez-nous troupe fidèle,
De ce bas lieu
Si vous avez quelque nouvelle
Du Fils de Dieu.
Enseignez-nous en vérité
Quel est le louvre
Qui cache la nativité
Que le ciel nous découvre.

Une étoile doit paraître au coin de la scène par où vont entrer les mages.

### GASPARD

3. Le firmament fait sous le voile
De cette nuit
Briller une pompeuse étoile
Qui nous conduit.

### MELCHIOR

Nous nous dirigeons sur les traits
Qu'elle fait luire ;
Ils ont parus sur nos palais
Afin de nous instruire.

CLÉMENT (introduisant Melchior, qui seul doit paraître d'abord)

L'étoile avance lentement.

4. Suivez-la donc, sages monarques,
   Sans balancer.
Venez, ce sont de sûres marques
   Pour avancer.

MELCHIOR

Serait-ce, hélas! ce pauvre lieu,
   Où sur la dure
Logerait le Verbe de Dieu,
   Prenant notre nature!

Melchior s'est avancé de façon à ce que Gaspard et Balthazar puissent paraître.

GASPARD ET BALTHAZAR

5. Ah! faites-nous un peu de place,
   Nos chers amis ;
Présentez-nous au Roi, de grâce,
   S'il est permis.
Nous arrivons d'un cœur content
   De l'Arabie,
Pour voir le Fils du Tout-Puissant
   Et l'Auteur de la vie.

Les bergers ont dû peu à peu se retirer jusqu'au fond de la scène, à l'exception du vieil Olivier. Les mages ne doivent pas encore dépasser le milieu de la scène, de façon à pouvoir avancer encore ; ils peuvent se ranger presque de front, Melchior étant le plus près du fond.

MELCHIOR

6. *Nous avons dans ces cassolettes*
   *Quelques présents*

**BALTHAZAR**

*D'aromates les plus parfaites,*

**MELCHIOR**

*D'or*

**GASPARD**

*Et d'encens.*

**OLIVIER**

*Agréez, Seigneur, ce trésor*
*Et leurs hommages.*
*En recevant la myrrhe et l'or,*
*Bénissez les trois mages.*

Melchior, venant du fond, en faisant le plus de chemin possible, s'approche majestueusement de la crèche, au-dessus de laquelle l'étoile doit briller, puis il met un genou en terre, et chante la première *strophe* du n° XXIX. Ces mouvements se font pendant le *prélude.*

**(Prélude à chaque couplet.)**

**MELCHIOR**

*Andante.*

XXIX [1]

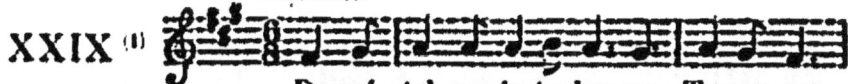

Du mé - tal que je te don-ne, Ta cou-rou-
ne N'a ja-mais pris la splen-deur, je con-fesse, Roi su-prême,
Que toi mé - me, Tu fais tou-te ta gran - deur.

---

[1] V. P. Legeay, I, 32.

Melchior se lève, dépose son présent, baise les pieds de l'enfant Jésus, et se retire sur sa gauche, en avant de la scène, près de la coulisse. Gaspard, cependant, s'est approché du fond, afin d'avoir plus de chemin à parcourir pour venir offrir son présent.

### GASPARD

2. L'encens que ma main tremblante
   Te présente
Prouve ta divinité;
C'est l'amour qui t'humilie
   Et t'allie
Avec notre humanité.

Gaspard fait comme Melchior, et vient se placer près de lui. Balthazar fait les mêmes mouvements.

### BALTHAZAR

3. Ah! que mon présent m'afflige!
   Il m'oblige
A te voir comme un mortel;
Cette myrrhe te déclare
   Qu'on prépare
Un tombeau pour ton autel.

Balthazar offre son présent, et se retire près de Gaspard. Les trois mages doivent faire une ligne gracieuse depuis le coin gauche de la scène jusqu'à l'arbre qui est isolé, du même côté, vers le milieu. Entre l'autre arbre et la crèche sont Clément et le vieil Olivier. Les autres bergers occupent le fond.

# SCÈNE V

## Les MÊMES, L'ARCHANGE

L'archange, pendant le *prélude* du nº XXX, descend sur son nuage, comme au commencement de l'acte IIe. A son arrivée, grande lumière.

### L'ARCHANGE

Allegro.

**XXX** (¹)

Peuple i - mi- tez ces Rois mages qui vien-nent de l'O- ri - ent, Pour ap- porter leurs hom- mages au Dieu fait pe- tit En - fant.

### LE CHŒUR DES ANGES

Peuple i - mitez ces Rois mages qui viennent de l'O-ri- ent.

### L'ARCHANGE

2  Offrez l'or au roi du monde;
Car c'est lui qui fait la loi
A cette machine ronde;
Offrez-lui l'or comme au roi.

### LE CHŒUR DES ANGES

Peuple apportez vos hommages
Au Dieu fait petit enfant.

---

(¹) V. pour le noël le Grand Mystère de Bethléem, p. 37. Pour la musique voir l'album illustré de M. l'abbé Rastier, le Noël: Puisque l'on m'a amenée.

### L'ARCHANGE

3. Offrez l'encens à Dieu même
Lui qui nous voit en tout lieu,
Qui nous a faits, qui nous aime;
Offrez l'encens comme à Dieu.

### LE CHŒUR DES ANGES

Peuple, imitez ces rois mages
Qui viennent de l'Orient.

### L'ARCHANGE

4. Mortel comme vous, il pleure;
Honorez-le comme tel.
Puisqu'il faut qu'un jour il pleure,
Offrez la myrrhe au mortel.

### LE CHŒUR DES ANGES

Peuple apportez vos hommages
Au Dieu fait petit enfant.

### L'ARCHANGE

*Allegro maëstoso.*

**XXXI** [1]

Dans u - ne pauvre é - ta - ble Est
né le Fils de Dieu; Cet En - fant tout ai - ma - ble, Est
vi - sible en ce lieu, Sa di - vi - ne pré - sen - ce, De
ses bien-faits, De ses at-traits, Va don-ner con-nais-san-ce.

---

(1) V. P. Legeay, II,

## ANGES, MAGES ET BERGERS

Oh! oh! Qu'il est beau, Qu'il est beau, Qu'il est beau,

Qu'il est beau, Qu'il est beau, Qu'il est beau,

Qu'il est beau, Qu'il est beau, Qu'il est beau,

Le Fils de Marie, Qu'il est char-mant, Le fruit de vie couché dans

Le Fils de Marie, Qu'il est char-mant, Le fruit de vie couché dans

Le Fils de Marie, Qu'il est char-mant, Le fruit de vie couché dans

*rall.*

son pe-tit berceau, Oh! Oh! Qu'il est beau, Qu'il est beau!

son pe-tit berceau, Oh! Oh! Qu'il est beau, Qu'il est beau!

son pe-tit berceau, Oh! Oh! Qu'il est beau, Qu'il est beau!

### L'ARCHANGE

2. Des bergers et des mages,
   Prémices des humains,
   Il reçoit les hommages
   De ses petites mains;
   Mais plutôt on devine
   Que pour donner,
   Pour pardonner,
   S'étend sa main divine.

### ANGES, MAGES ET BERGERS

Oh! oh! qu'il est beau, qu'il est beau!
Il donne tout au cœur qui l'aime,
Tout, puisqu'il se donne lui-même;
Aimons-le donc à son berceau.
Oh! oh! qu'il est beau, qu'il est beau!

### L'ARCHANGE

3. Jusqu'à la fin du monde,
   Ainsi qu'il l'a prédit,
   Sa parole féconde
   Vous le garde petit
   Dans le saint tabernacle;
     Comme au berceau,
     Jamais moins beau,
   Il reste par miracle.

### LES ANGES, MAGES ET BERGERS

Oh! oh! qu'il est beau, qu'il est beau!
Il vient comme nourriture
S'assimiler sa créature.
Faisons de nos cœurs son berceau.
Oh! oh! qu'il est beau, qu'il est beau!

S'il est possible, allumer quelques feux de Bengale pendant
ce dernier couplet.

## FIN

www.ingramcontent.com/pod-product-compliance
Lightning Source LLC
Chambersburg PA
CBHW060631100426
42744CB00008B/1583